政治をいかに教えるか

―知識と行動をつなぐ主権者教育―

蒔田　純

弘前大学出版会

政治をいかに教えるか－知識と行動をつなぐ主権者教育－

目　次

はじめに

序　章　　主権者教育の役割と課題

第一節　主権者教育とは ……………………………………………… 1
第二節　三つの問題意識と主権者教育の環境づくり ………………… 4
第三節　若者の投票率と主権者教育の必要性 ………………………… 8
第四節　政治と教育の関係性をめぐる歴史的経緯 …………………… 13
第五節　歴史を踏まえた主権者教育 …………………………………… 22

第一章　　主権者教育と民主主義

第一節　主権者教育の視点から見た既存の公民教育 ………………… 27
第二節　中学校社会科公民的分野の教科書における「民主主義」…… 30
第三節　高校社会科「政治・経済」の教科書における「民主主義」…… 38
第四節　小　括 …………………………………………………………… 42

第二章　　主権者教育と議院内閣制・権力分立

第一節　政治学の立場から見た教科書 ………………………………… 81
第二節　議院内閣制と権力分立：政治学と学校教科書の関係性 …… 83
第三節　乖離をもたらす要因 …………………………………………… 87
第四節　政治学と憲法学 ………………………………………………… 93
第五節　小　括 …………………………………………………………… 95

第三章　　シティズンシップ教育と主権者教育

第一節　シティズンシップ教育と主権者教育の関係性 ……………… 105
第二節　シティズンシップ教育の概念と動向 ………………………… 107
第三節　自治体における実例 …………………………………………… 111

第四節　シティズンシップ教育・主権者教育の効果 …………………………… 121
第五節　小　括 ………………………………………………………………… 127
【補遺】　主権者教育が選挙の投票率に及ぼす影響 ……………………… 128

第四章　学校外における主権者教育

第一節　学校外における主権者教育の役割 ………………………………… 131
第二節　「若者首長」制度 ……………………………………………………… 133
第三節　「若者への予算決定権付与」制度 ………………………………… 144
第四節　小　括 ………………………………………………………………… 148

第五章　遊佐町「少年町長・少年議会」に関する当事者インタビュー

第一節　「少年町長・少年議会」の当事者の声 ………………………… 151
第二節　町長・教育長インタビュー ………………………………………… 151
第三節　元少年議員インタビュー …………………………………………… 156
第四節　役場担当者インタビュー …………………………………………… 160
第五節　小　括 ………………………………………………………………… 162

終　章　政治をいかに教えるか

第一節　これまでのまとめ …………………………………………………… 165
第二節　これまでの議論から得られる含意と
　　　　　全体における各要素の位置づけ ……………………… 166
第三節　若者の政治的関心と主権者教育の必要性 ……………………… 170

引用文献 …………………………………………………………………………… 175

索　引 ……………………………………………………………………………… 181

政治をいかに教えるか
－知識と行動をつなぐ主権者教育－

はじめに

　「政治をいかに教えるか」は、教育関係者のみならず、この社会に生き、多少なりとも子ども・若者と接点を持つ全ての者にとって、大きな課題である。政治は我々の生活のあらゆる側面に影響を与え、時として社会全体の在り方を決めてしまう程の力を持っている。このような存在感の大きさ故、教育においては政治を無視することはできず、その役割や構造について正しく教えていくことが求められる。ましてや、民主主義の下では政治の行く末を決めるのは主権者である国民一人ひとりであり、遠くない将来にそうした政治的権利を得る子ども・若者に対して、政治の仕組みや政治参加の意義をしっかりと伝えていくことは、大人としての責務と言えよう。

　しかしながら、一方で、政治が権力闘争や利害対立の舞台であり、人間の醜さや社会の汚さが表れた醜悪の縮図であることも確かである。その先には憎悪や暴力にさえつながる可能性があるとすれば、教育において政治を扱うことは、子ども・若者をこのような平穏とは言い難い環境の下に誘いかねないリスクを常に孕んでいるとも言える。このように、重要ではあるが、時に危険でもある政治という存在をどのように次の世代に教えるかは、社会全体の健全な発展にとって極めて優先度の高い問題だと考えられるのである。

　主権者教育とは、社会の中でいかに責任ある主権者に相応しい行動をとるかについて扱う教育であり、その中心を為す主題は、政治に対する関わり方である。「序章」以降で述べるように、選挙権年齢の引き下げを受けて盛り上がりを見せている主権者教育であるが、その目指すところは、子ども・若者を剣呑な対立や扇動から守りながら政治に対する能動的・主体的な態度を涵養することである。これは、まさに上記のような政治の二面性を克服することを目指すものと言え、時代の転換点において教育と政治の新たな関係性を模索する現代的な取り組みであると解釈できよう。

　主権者教育については、既に多くの書籍・論考等が発表されており、その現

実社会における存在感の高まりに伴って、学問的な研究の面でも、「かくあるべき」という主義主張の面でも、一定程度の蓄積が為されてきている。本書は、このような先行的な研究・論考を踏まえつつ、それらが扱ってきた主権者教育の周辺に位置する関連要素にも注目する中で、それらを互いに結びつけ、その教育上の役割を再考察することによって、主権者教育の実践的な効果の一層の向上を目指す試みである。現代において子ども・若者に政治を教える際、学校で行われる主権者教育がその中心にあるとすれば、ここで言う周辺要素には、学校教育の中の公民教育や主権者教育を内包するいわゆるシティズンシップ教育、そして学校外で行う主権者教育等が該当する。本書は、これらの要素に関する基本的な問題意識を基にした五つの章に、序章・終章を加えて、構成される。

　知識と行動をつなぐ実践的な取り組みが主権者教育であるならば、これまでよりは少し視野を広げ、近接する諸要素をそこに取り入れることによって、つながりのバリエーションは増し、その密度も濃くなっていくだろう。政治が混迷を続ける現代においては、それに対する無関心や嘲笑ではなく、多様な角度から客観と主観、論理と実践を行き来することによる積極的・建設的なアプローチが求められると考えられ、本書がそうした人材育成を進める上での一助となれば幸いである。

2019年6月

蒔　田　　純

序　章　主権者教育の役割と課題

第一節　主権者教育とは

1.1　主権者教育の高まり

　2015年6月、選挙権年齢を「18歳以上」に引き下げる改正公職選挙法が成立した。政府によると、この引き下げの理由は、「少子高齢化が進むなかで未来の日本に生きていく若い世代に、現在そして未来の日本のあり方を決める政治に関与してもらいたい、という意図があるから」であり、また、世界の中で約9割の国が18歳以下に国政選挙権を認めているという国際的な動向も参考にした、とのことである[1]。

　この選挙権年齢引き下げを受け、子ども・若者に社会との関わり方や政治参加の大切さを教える「主権者教育」が盛り上がりを見せている。政府（文部科学省・総務省）は自ら『私たちが拓く日本の未来　有権者として求められる力を身に付けるために』という生徒用の副教材（以下、「副教材」）、及び、教員がそれを用いた授業を行うための指導資料（以下、「指導資料」）を作成し、全国の高校に配布した上で、各学校において授業等で活用することを促している。これを受けて、高校をはじめ、小中を含めた全国の学校にて政治との関わり方をテーマとした啓発授業・イベントが開催されるようになり、2015年度の文部科学省の調査では、全国の高校の94%が何らかの主権者教育を実施したと回答するまでになっている[2]。

　また、学術界においても主権者教育が学問的なテーマとして語られる場面が多くなっており、例えば、政治学における日本最大の学会である日本政治学会は、2016年に学会誌『年報政治学』において「政治と教育」という特集を組み、

1　政府広報オンライン『自らの意見を一票に！「18歳選挙」が始まります。』〈https://www.gov-online.go.jp/useful/article/201602/1.html〉（最終閲覧日：2018年12月21日）。
2　文部科学省『主権者教育（政治的教養の教育）実施状況調査について』2016年6月。

若者の投票率向上や政治教育に関する論文を掲載した[3]。また教育学においても日本教育学会・日本社会科教育学会・全国社会科教育学会等の学会誌や大会において関連する論文の掲載や発表の実施が見られるようになっている[4]。

1.2　主権者教育の定義

　「主権者教育」は、学問上、明確な定義が確立している訳ではないが、実務レベルにおいてはその意味するところを明らかにした例がある。例えば、総務省「常時啓発事業のあり方等研究会」はその報告書において、「社会の構成員としての市民が備えるべき市民性を育成するために行われる教育であり、集団への所属意識、権利の享受や責任・義務の履行、公的な事柄への関心や関与などを開発し、社会参加に必要な知識、技能、価値観を習得させる教育……その中心をなすのは、市民と政治との関わりであり、本研究会は、それを「主権者教育」と呼ぶことにする。」としている[5]。

　主権者教育と似た意味の言葉に「シティズンシップ教育」があるが、これは、『学校教育辞典』によると「社会の構成員としての『市民』が備えるべき『市民性』を育成するために行われる教育であり、集団への所属意識、権利の享受や責任・義務の履行、公的な事柄への関心や関与などを開発し、社会参画に必要な知識、技能、価値観や傾向を習得させる教育」と定義され[6]、上記の研究会報告書における「主権者教育」の定義の前段部分はここからの引用であることが分かる。つまり、「主権者教育」は定義上、「シティズンシップ教育」の一部分を構成するものであり、後者が広く社会との責任ある関わり方を育む目的を持つ教育全般を指すのに対し、前者はその中でも特に政治との関係性に着目したものであると理解できよう。

1.3　主権者教育の具体的内容

　このように主権者教育には一応の定義は与えられているものの、その具体的

3　日本政治学会編『年報政治学　政治と教育』2016－Ⅰ、2016年。

4　例えば、2016年には、日本教育学会・日本社会科教育学会・全国社会科教育学会のいずれにおいても、研究大会で18歳選挙権を見据えた政治と教育をテーマとするシンポジウム・研究報告・ディスカッション等が行われた。

5　総務省常時啓発事業のあり方等研究会『最終報告書：社会に参加し、自ら考え、自ら判断する主権者を目指して～新たなステージ「主権者教育」へ～』2011年12月、p.7。

6　今野喜清・新井郁男・児島邦宏『学校教育辞典』教育出版、2003年、pp.367－368。

内容となると、何が含まれて何が含まれないかについて、明確な線引きは確立していないように考えられる。主権者教育の実践的手法を収めた、藤井剛『18歳選挙権に向けて　主権者教育のすすめ』では、主権者教育を狭義と広義に分け、前者を「投票行動への関心・意欲・態度、知識・理解、思考・判断などを高める教育」、後者を「『国や社会の問題を自分の問題として捉え、自ら考え、自ら判断し、行動していく主権者』を育てる教育」と定義している[7]。その上で、狭義の主権者教育の実践例として「政策を比較して投票先を決めよう！（各政策への意見を基に投票する政党を決める）」、「投票に行かないと損をする？（具体例を通して投票に行く意義を考える）」、「特別支援学校での主権者教育（特別支援学校での模擬投票）」を紹介している。

　また、文部科学省が設置した「主権者教育の推進に関する検討チーム」の『最終まとめ』には、「模擬選挙を行った上で、他の世代（お年寄り、子育て世代等）の立場にたった論議をグループでするなど多面的・多角的な考察を進める取組」、「各家庭で政治的教養を育むためにどのようなことができるかを考える生徒と保護者が参加した学年行事」、「議会事務局と連携し、府議会議員（正副議長、広報委員会委員）を講師とする府議会主催の出前講座を実施し、議員による講義や高校生と議員による意見交換（を行ったこと）」等が「主権者教育に関する特徴ある取組例」として挙げられている[8]。

　上記「副教材」でも、選挙の仕組みや投票率の現状等を説明する「解説編」に続き、主権者教育の具体的方法について紹介する「実践編」が設けられており、そこでは、「話合い、討論の手法」、「ディベート」、「地域課題の見つけ方」、「模擬選挙」、「政策討論会」、「模擬請願」、「模擬議会」等を行う際の実際の進め方について詳細に述べられている。

1.4　実践的活動としての主権者教育

　このような実例を見てみると、主権者教育は、概ね、座学ではなく、子どもたち自身が考え、実際に行動することを前提とする実践的な内容を持ち、具体的な体験を通して政治を理解し、考えることを目的とするものと捉えられてい

7　藤井剛『18歳選挙権に向けて　主権者教育のすすめ　先生・生徒の疑問にすべてお答えします』清水書院、2016年、p.20.

8　文部科学省　主権者教育の推進に関する検討チーム『最終まとめ〜主権者として求められる力を育むために〜』2016年6月。

ると言える。この点、「指導資料」では、これまでの政治教育について、「政治の意義や制度に関する指導は、知識を暗記するような教育となっているのではないか」、「現実の具体的政治事象を取り扱うことに消極的ではないか」といった批判的な指摘があることに触れた上で、そのような従来型の授業では不十分であった点を担うものとして、上記のような実践的活動を学校現場に取り入れるための実例について説明している[9]。

「指導資料」では、それらの具体的活動は、「①正解が一つに定まらない問いに取り組む学び」、「②学習したことを活用して解決策を考える学び」、「③他者との対話や議論により考えを深めていく学び」と捉えられ、これらを通して、「論理的思考力（とりわけ根拠をもって主張し他者を説得する力）」、「現実社会の諸課題について多面的・多角的に考察し、公正に判断する力」、「現実社会の諸課題を見出し、協働的に追究し解決（合意形成・意思決定）する力」、「公共的な事柄に自ら参画しようとする意欲や態度」を育むとしている[10]。

第二節　三つの問題意識と主権者教育の環境づくり

2.1　主権者教育の観点から見た既存の政治教育の改善

上に見たような「新たな政治教育」としての主権者教育の実践的性格については、おそらく誰もが共感するものであろうし、その必要性や背景にある狙いについても理解し得るものであると考えられる。しかし、当然ではあるが、これまで、学校教育において政治に関する事柄が全く教えられていなかった訳ではなく、中学校では社会科公民的分野、高校では公民科、のそれぞれにおいて、学習指導要領に沿った教育が行われている。上記の通り、「指導資料」では、こういった既存の公民系教科での政治教育における、現実政治とは距離を置いた暗記中心の傾向に対する、いわば反省を基に、実践的内容を持つ主権者教育を提案している訳であるが、このことをもって、従来教えられてきた政治に関する内容に改善の必要がないということにはならないであろう。主権者教育は従来の政治に関する教育内容に「加えられる」ものであって、それ自身が従来

9　総務省・文部科学省『私たちが拓く日本の未来　活用のための指導資料』2015年9月、p.7。

10　総務省・文部科学省『私たちが拓く日本の未来　活用のための指導資料』2015年9月、p.19。

の政治に関する教育内容を改善するものでは決してないのである。

　このような見方に立つと、従来教えられてきた政治に関する内容についても、主権者教育の趣旨に沿うような形で改善を行う必要があるのではないか、という考えに至る。これが、本書を構成する一つ目の問題意識である。

2.2　シティズンシップ教育における主権者教育の位置づけ

　既述の通り、主権者教育は概念上、シティズンシップ教育に包含されるものと考えられる。その定義においては、「市民性を育成するために行われる」、「集団への所属意識、権利の享受や責任・義務の履行、公的な事柄への関心や関与などを開発し、社会参加に必要な知識、技能、価値観を習得させる教育」の中でも、市民と政治との関わりに焦点を当てたもの、と理解できるが、ではそれが実際の教育現場で実践されようとする場合、より広義の概念としてのシティズンシップ教育とどのような関係性を持ち、どのような役割分担が為されるのか、それを踏まえた主権者教育の具体的内容はどのような形となるのか、についてイメージすることは容易ではないだろう。

　主たる分析対象にしようとしている概念がより大きな概念に包括されるものであれば、両者の関係性や役割分担を踏まえた上で、その現実における運用の実態を把握することが分析の前提となることは当然である。特に主権者教育の場合、政治というセンシティブな内容を含むものが対象である以上、教育現場である学校における、シティズンシップ教育の中のそれの位置づけや、シティズンシップ教育に含まれる他の内容との具体的な組み合わせについては、関心を向けざるを得ない。

　主権者教育が、それを概念上包含するものとしてのシティズンシップ教育との関係性において、実際の教育現場で、どのように位置づけられ、どのように実施されているのか。これが、本書における第二の問題意識である。

2.3　学校外における主権者教育の在り方

　「指導資料」においては、「副教材」及び「指導資料」自体の活用場面について「公民科を担当する教員だけでなく、全ての教員の指導で活用されることが期待されている。また、学校現場、選挙管理委員会、地域の選挙啓発団体等が一体となって、副教材を活用した出前授業等を実施することなども考えられる」とした上で、それらの活用に当たって、

①公民科の科目「現代社会」、「政治・経済」の年間指導計画を作成する際、副教材の活用場面を想定しておくこと
②総合的な学習の時間や特別活動等で学校として副教材を活用する際、公民科の指導との関連を踏まえておくこと
③学校外部の関係機関、関係者と連携、協働して副教材を活用した出前授業等を実施する際に留意すべき点を明確にしておくこと

が必要であるとしている[11]。これはすなわち、①は公民科という既存教科における実践的な主権者教育の導入、②は総合的な学習の時間に代表される、各学校・各学級で学習内容に裁量の認められる授業における主権者教育の実施、③は学校外の機関と協力した、社会連携活動としての主権者教育の推進、をそれぞれ指すものと考えられる。

　①②③は、それぞれ主権者教育を行う場面は異なるが、大きく、学校という場における教育を想定している点で共通している。①②は既に決められた学校の正規カリキュラム内の話であるし、③も「出前授業等」の文言から分かる通り、連携・協働する外部機関の関係者が学校に来て、総合的な学習の時間等を用いて主権者教育を行う、ということが想定されている。

　このように主権者教育が行われる場として学校が想定されていることは、しごく当然である。生徒にとっては学校が毎日の学びの場であり、また教える側にとってもノウハウとリソースが揃っているのが学校だからである。しかし、学校は中心ではあっても全てではないだろう。特に、社会や政治との関わりについて教える主権者教育に関しては、学校を超え、生徒たちに普段は関わりを持たない実社会との接点を持たせることにより、一層その効果が増すのではないかと考えられる。自らの手足を動かし、自らの頭で考える実践的活動を現実社会により近い場で経験することは、そのもともとの趣旨に沿ったものと言えるし、それ故に、主権者教育が持つベネフィットをより高めることにつながると理解されるのである。

　では、学校以外の場における主権者教育とはどのようなものであろうか。現在では、様々な個人・団体が独自の主権者教育プログラムを開発し、学校外においても、子ども・若者を対象としたイベントや研修会といった形で実施され

11　総務省・文部科学省『私たちが拓く日本の未来　活用のための指導資料』2015年9月、p.11。

ている。しかし、これらは、模擬投票や政策討論等、学校の中で実施可能なものを、より広く、多くの子ども・若者に届けるために学校外でも行っているというケースが多い。主権者教育が、社会における市民としての責任や能動的役割について教えるものであるとすれば、学校を超えた社会の中でしか経験できない活動が、それを育むものとしてその内容に含まれてもよいとも考えられる。むしろ、そうした活動を学校内での教育と組み合わせてこそ、主権者教育の目指すものをより良く体現できると言えよう。

　学校外における主権者教育の効果的な在り方とはどのようなものか、また、それと学校内の教育との連携関係をどのように深めていくか。これが、本書における第三の問題意識である。

2.4　学校における主権者教育とその近接諸要素の連携

　本書の目的は、既述のような社会的な盛り上がりを受けて、主権者教育の効果をより高め、子ども・若者が健全に積極的に政治に関わっていくための環境づくりを進めるための材料を具体的に提示することである。このような目的で主権者教育を考察することは、その現状をめぐる上記の三つの問題意識に基づいており、それらを踏まえた本書の具体的な役割・意義を改めて記すと、次のようになる。

　第一の問題意識は、学校における既存の政治教育と主権者教育の関係性に関するものであり、本書では、既存の政治教育の内容を踏まえた上で、それらについて、主権者教育の観点から見た時に考え得る課題と改善策について検討を加える。これにより、主権者教育と既存の政治教育との役割分担を明らかにし、それらの間の連携・協働関係の具体的な姿を提示することで、政治的事柄を教える教育全般の有用性向上に貢献したい。

　第二の問題意識はシティズンシップ教育と主権者教育に関するものである。既述の通り、概念上、主権者教育はシティズンシップ教育に包含されるものであるが、本書では、これを踏まえた上で、実際の教育現場においては、それらがどのような具体的関係性の下、どのように運用されているのか、について論ずる。ここから、社会全般に対する関与を志向するシティズンシップ教育の中での主権者教育の位置づけを明らかにし、全体としての社会とそこにおける政治との関係性を教育に落とし込む際の実際的な方法と課題を提示したい。

　第三の問題意識は、学校外における主権者教育の在り方に関するものである。

本書では、学校内との相違を踏まえた上で、学校外における主権者教育に求められる要素を示し、それを実践する具体例について、その特徴や課題を考察する。これによって、主権者教育には必要だが学校には担うことのできない部分を明らかにし、関係アクターの相互協力から成る社会全体での主権者育成の取り組みを後押しすることが期待される。

　子ども・若者に政治的な事柄を教える際は様々な方法や場面があると考えられるが、18歳選挙権を踏まえて現在、議論の中心になっているのは、学校における主権者教育である。これは、当然と言えば当然であるが、政治が対象とする領域の幅の広さや主権者教育の持つ本質的な社会との関係の深さを踏まえると、より視野を広げた別の観点からの議論も求められるものと考えられる。本書は、教える内容という点において、主権者教育以外の政治教育やそれを包含するものとしてのシティズンシップ教育に、教える場という点において、学校以外の機関に、それぞれ注目し、それら各要素に関する具体的な実践の在り方を提示することで、中核であるべき学校における主権者教育への効果的なフィードバックの提供やそれによる両者間の連携関係の更なる進化を志向する上での一助となることを目指すものである。

第三節　若者の投票率と主権者教育の必要性

3.1　10代投票率の健闘

　2015年の選挙権年齢の引き下げを受け、2016年7月の参議院通常選挙において、国政選挙として初めて18歳以上による投票が行われたが、その投票率は、18歳で51.17%、19歳で39.66%、10代全体では45.45%であった[12]。これについては、全年代の平均投票率が54.70%であり、これより相当程度低いことをもって「やはり若者は選挙に行かなかった」という論調も見られた。しかし、同選挙における20代の平均は35.60%であり、10代の投票率はそれを大きく上回る数字であると言える。同様の傾向は、2017年10月の衆議院総選挙でも見られた。この選挙での投票率は、18歳が50.74%、19歳が32.34%、10代全体で41.51%で

12　全国の投票区から一定の投票区を抽出した調査の数字。総務省ではこうした調査の他、全数調査も行っており、そこでは10代全体の投票率は46.78%。

あり[13]、全年代平均投票率53.68%からは、やはり相当の開きがあるが、20代の平均33.85%は大きく上回ったのである。

　20代と比較した際の10代の投票率の高さはどこから来るのだろうか。注目すべきは、18歳と19歳の数字の差である。18歳は19歳に比して、2016年参院選では11.51%、2017年衆院選では18.40%も投票率が高かったのである。

　これには、主に二つの要因が指摘されている。一つは住民票問題である。これは、高校卒業と同時に進学や就職でそれまで暮らしてきた土地を離れ、その際に住民票を新たな住所に移す手続きを怠る者が多いため、選挙の際はもともとの出身地が投票を行うべき選挙区となってしまい、物理的に投票できない、というものである。総務省が18〜20歳を対象として2016年10月〜12月に行った調査によれば、2016年参院選で投票に行かなかったと答えた者の中で、その理由として最も多かったのが、「今住んでいる市区町村で投票することができなかったから」（21.7%）であった[14]。

　これについては、実は不在者投票で解決できるのだが、そもそもそのことを知らない者が多いし、また、その手続きも紙ベースでしか行えないなど、不便さが指摘されている。運用で改善できる点があるのであればそれを行うべきであるが、それに関して詳細に述べることはここでの趣旨から逸れるため、他の機会に譲りたい。

表1　2016年参議院通常選挙の年代別投票率

10代	20代	30代	40代	50代	60代	70代以上	全体
45.45%	35.60%	44.24%	52.64%	63.25%	70.07%	60.98%	54.70%

表2　2017年衆議院総選挙の年代別投票率

10代	20代	30代	40代	50代	60代	70代以上	全体
41.51%	33.85%	44.75%	53.52%	63.32%	72.04	60.94%	53.68%

3.2　投票に対する主権者教育の効果

　もう一つの要因は主権者教育の効果である。既述の通り、2015年の時点で全国の高校の94%で何らかの主権者教育が行われている。これに加えて、先の総

13　全国の投票区から一定の投票区を抽出した調査の数字。全数調査では10代全体の投票率は40.49%。

14　総務省『18歳選挙権に関する意識調査　報告書』2016年12月、p.24。

務省の調査によれば、選挙や政治に関する授業（選挙の仕組みや投票方法を学ぶ授業、上記の「副教材」を使用した授業、選挙や政治に関する新聞記事を使った授業、学校や地域の課題等に関するディベートや話合い等を行う授業など）を全く受けたことがない者は39.1％であり[15]、逆に言うと6割超は何らかの主権者教育を受けていることになる[16]。主権者教育と実際の投票に関する因果関係を示すデータは残念ながら見当たらないが、2016年7月～8月に山形大学・琉球大学が行った調査によれば、模擬投票・模擬裁判等の体験型学習を受けた生徒は政治的関心が高くなる傾向が見られたという[17]。

　これらを踏まえると、高校生が多い18歳においては学年・学級単位で主権者教育を受ける機会が多いのに対して、高校卒業後は大学や企業等においてそういった教育を受ける機会が少なく、結果として投票に対する意識も異なってくる、ということが考えられる[18]。2017年3月に発表された「主権者教育の推進に関する有識者会議とりまとめ」では、これに加えて、「高校在学中の18歳の投票率」と「18歳全体の投票率」とでは前者の方が相当程度高いことが触れられており、これは、上記の考え方を一層裏付けるものとして理解できるであろう[19]。

15　総務省『18歳選挙権に関する意識調査　報告書』2016年12月、p.29。

16　この数字と上記の「全国の高校の94％で何らかの主権者教育が行われている」という記述との差は、そもそも別の調査であること、後者ではいずれかの学年で1回でも主権者教育に該当する授業が行われれば学校全体として行ったものとカウントされていること、前者では主権者教育に該当する授業がより限定されていること、等が原因であると考えられる。

17　山本英弘「政治的社会化研究からみた主権者教育」『山形大学紀要（教育科学）』第16巻第4号別刷2017年2月、pp.20－40。

18　例えば2015年における主権者教育の出前授業は、高校では実施校数1,652校、受講者数453,834人であったのに対し、大学では実施校数71校、受講者数10,844人であった。企業についてのデータはないが、当然、大学よりも更に数字は少なくなるものと考えられる。総務省 主権者教育の推進に関する有識者会議『主権者教育の推進に関する有識者会議　とりまとめ』2017年3月、pp.31－32。

19　総務省有識者会議の報告書では、いくつかの都道府県における「高校3年生相当（高校在学中）の18歳投票率」と「18歳全体の投票率」が掲載されており、例えば静岡県では前者が81.3％で後者が48.70％、福井県では前者が70.73％で後者が48.10％、京都府では前者が73.4％で後者が51.12％と、相当の差があることが分かる。ただし、いずれの都道府県でも前者がアンケート調査、後者が全数調査であり、この調査方法の違いが両者の数字の大きな差の一因になっているものと考えられるため、科学的な裏付けというよりは、あくまで参考として見ておくべき数字と言えよう。総務省『主権者教育の推進に関する有識者会議　とりまとめ』2017年3月、p.6、30。

3.3 民主主義と主権者教育

　主権者教育が若者の政治的関心や実際の選挙での投票率を高める傾向があるとしても、一方で半数近くの者が投票せず、政治的な関心も持っていないこともまた事実である。投票率が100％になるのが良いとは思えないが、政治的な事柄に全く関心を持たず、それ故に選挙で投票しない者が増加する結果として、社会の中の一部の人間のみによって政治的決定が為されることは民主主義の本旨に反する。やはり、政治的な決定はできるだけ多くの人が参加することが望ましいのである。

　そのためには、上記のような主権者教育の効果を認めつつ、その内容や方法を更にブラッシュアップしていく工夫が必要である。ある世代が選挙権年齢に達した時点での投票率はその後の同世代の投票率をある程度規定する、つまり、若い時に投票率が低かった世代は年齢を重ねてもその後ずっと投票率が低い傾向がある、というデータも存在する[20]。民主主義を維持し、有効に機能させていくには、若い世代にいかに政治に関心を持ってもらい、いかに投票所に足を運んでもらうかが重要であることがよく理解できよう。そのための手段として本書において扱うのが、主権者教育なのである。

3.4 本書で用いる用語について

　ここで、本書で頻出する用語の関係性について若干の説明をしておく。政治と教育の周辺には似たような意味の用語がいくつも存在しており、本書においてもそれらを多用するが、本書では、「政治に特化したものか、政治以外の事柄に関するものか」「学校内で行うものか、学校外で行うものか」という二つの基準を設け、これによって意味的に区別することとする。二つの基準によって構成された２×２マトリクスが図０−１であり、各用語をここに当てはめてみることとする。

　「主権者教育」と「シティズンシップ教育」の定義については上記の通りであるが、図０−１においては、双方とも学校内・外のどちらでも行うものであり、主権者教育はシティズンシップ教育の中でも政治に特化したものであることが表されている。

20　島澤諭「【2016参院選を振り返る】18歳選挙権導入と世代間格差」『WEDGE REPORT』2016年
　　7月14日〈http://wedge.ismedia.jp/articles/-/7290?page=2〉（最終閲覧日：2018年12月25日）。

「公民教育」という語は、ここでは、「社会に生きる公民としての資質を育む教育のうち、学校の正規教科として教えられるもの」を指し、中学の社会科公民的分野、高校の公民科が該当する。図０−１においては、学校内でのみ実施され、政治、及び、政治以外の分野が対象となることが分かる。図０−１には「知識ベースの公民教育」もあるが、これは、その名の通り、暗記型で座学中心の公民教育のことである。実践的・双方向的で発信型の「シティズンシップ教育」「主権者教育」と区別する意味でここでは便宜上、示してある。逆に言えば、「公民教育」の中で「知識ベースの公民教育」に含まれない部分は「シティズンシップ教育」と、その中でも更に政治に特化した部分は「主権者教育」と、それぞれ重なる部分が大きいと言える。

「政治教育」という語も存在するが、これは、「政治的事柄について教える教育全般」という意味である。図０−１では、政治に特化する形で学校内・外の双方で行うものであり、「知識ベースの公民教育」を含む点で、「主権者教育」より広範な概念であることが分かる。

以下では、このような整理の下、各用語を用いることとする。

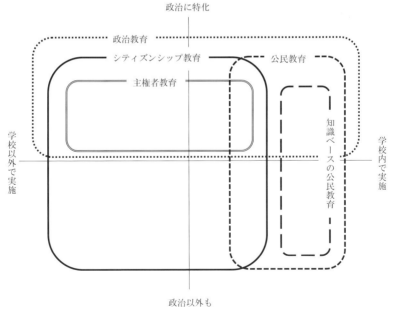

図０−１　用語の整理

3.5 本書の構成

　本書は、本章を含めて7つの章によって構成される。本章では、全体としての問題意識や目的を示したこれまでの節に続き、次節以降では、主権者教育を語る上で不可避と考えられる、中立性をめぐる政治と教育の関係性について検討する。本章を踏まえ、第一章では、学校で教えられている既存の政治教育に関して、特に「民主主義」に注目しながら、現状を踏まえた上で、主権者教育の観点から改善し得る点について考察する。また第二章では、「議院内閣制」と「権力分立」という制度面に着目しつつ、その教科書的な記述と主権者教育の視点との乖離について分析する。続く第三章では、シティズンシップ教育と主権者教育の関係性に焦点を当てながら、政治的リテラシーと政治参加についてカリキュラムの実例を吟味する。

　第四章では、学校外での主権者教育について、その必要性や条件について述べた上で、「若者首長」、「若者への予算決定権付与制度」という二つの制度を取り上げ、検討を加える。これに基づき、第五章では、「若者首長」の一例としての「少年町長・少年議会」に注目し、当事者たちの生の声を紹介する。これら全てを踏まえ、終章では、全体のまとめと各章から得られた含意について触れ、その上で今一度主権者教育の必要性について論ずる。

第四節　政治と教育の関係性をめぐる歴史的経緯

4.1 政治と教育の葛藤

　主権者教育をはじめ、政治と教育に関するテーマを検討する際、特に問題となるのが、政治的中立性についてである。生徒が政治についてその意義を正しく理解し、民主主義の担い手として適切な判断のできる材料を提供するのが教育の役割であり、そこに特定の政治的な考え方や勢力に基づく偏った意図が含まれてはならないことは当然である。ここでは、主権者教育という、政治と教育の関係性をテーマとする課題を扱う上での前提として、教育における政治的中立性に関する基礎的情報やこれまでの経緯を確認し、それを踏まえて、主権者教育に関して本書において議論を進める上での基本的な考え方を示したい。

　教育基本法第14条は、第1項において「良識ある公民として必要な政治的教養は、教育上尊重されなければならない」と定める一方で、第2項では、「法

律に定める学校は、特定の政党を支持し、又はこれに反対するための政治教育その他政治的活動をしてはならない」と規定している。この第14条に内包された、ある意味での矛盾は、政治教育と政治的中立のバランス、線引きの問題に関して、政治学・教育学の界隈において常に議論を起こしてきた[21]。そして、教育行政、及び、学校現場といった実務の世界においては、政治と教育との距離に関する葛藤が基底的問題として継続的に横たわり、結果としてこれが、生徒に政治的問題について教えることを阻害する一要因として作用してきたと言ってよい。

　以下では簡単に戦後から現在に至るまでの教育実務現場における政治と教育との関係性について歴史的経緯を確認する。

4.2　旧体制からの脱却と新教育制度（終戦〜1940年代）

　戦後、GHQ による教育に関する四大改革指令（「日本教育制度ニ対スル管理政策」「教員及教育関係官ノ調査、除外、認可ニ関スル件」「国家神道、神社神道ニ対スル政府ノ保証、支援、保全、監督並ニ弘布廃止ニ関スル件」「修身、日本歴史及ビ地理停止ニ関スル件」）や米国教育使節団の勧告によって、中央集権、官僚支配、画一主義・国家イデオロギー・宗教の利用等、19世紀型の古い教育システムを脱し、米国型の自由主義・民主主義に基づく新たな教育の在り方が求められた[22]。

　政府はこれを受け、内閣に教育刷新委員会を設置して新教育制度構築の基盤とし、ここでの議論を基に、1947年3月、教育基本法が制定された。これの第14条に教育における政治的素養と政治的中立が盛り込まれたことは既述の通りである。この時点において、政府では高校生等による政治的活動を促そうとする立場が強かったと考えられ、このことは、文部省学校教育局『新制高等学校教科課程の解説』において、「新制高等学校では政治教育を行われなければならない……政治教育の目的は、生徒に、政府の仕事、政治的行動の仕方、およ

21　この点を含めて教育と政治の関係性について論ずる文献は多いが、代表的なものとして、佐藤学・秋田喜代美・志水宏吉・小玉重夫・北村友人編『教育の再定義（岩波講座　教育 変革への展望Ⅰ）』岩波書店、2016年、藤井剛『18歳選挙権に向けて　主権者教育のすすめ』清水書院、2016年、森田尚人・藤田英典・黒崎勲・片桐芳雄・佐藤学編『教育学年報3　教育のなかの政治』世織書房、1994年、など。

22　文部省編『学制百二十年史』第二編第一章「概説」ぎょうせい、1992年．参照。

び政党の機能についての広い理解を得させることである」と述べられていることからも分かる[23]。この他、1948年7月には教育委員会法が公布・施行され、自治体に公選の教育委員から成る教育委員会が置かれることとなった[24]。また、政治理念・政治体制として民主主義の利点を強調する著作『民主主義』が文部省によって作成され、1948年より中学・高校の社会科教科書として使用された[25]。

4.3 教育制度の基礎形成と「脱政治化」の萌芽（1950年代）

　1950年代は、戦後の教育行政の基礎となる制度やアクター間の関係性が形成され、その後の政治と教育の関係性を規定する前提がつくられた時期であったと言ってよい。その内実は、当局と日本教職員組合（以下、日教組）とのイデオロギー対立とその学校現場への飛び火という「教育の政治化」が高まりを見せる一方で、制度としては「教育の脱政治化」が進み、それが後の時代の教育行政や学校現場の方針につながっていった、というものである[26]。

　1950年、朝鮮戦争が勃発し、1951年、サンフランシスコ平和条約と日米安全保障条約が締結されると、平和主義、基地提供反対、全面講和等を訴える日教組が政治闘争を激化させ、これに対する対応が政権の重要課題となった。また、学校現場においても政治対立が激化し、教員の生徒会指導の在り方を巡って教育委員会側と組合側との分裂授業に至った1954年の旭丘中学校事件をはじめ、各地の学校で生徒を巻き込んだ衝突が繰り返された[27]。

　このような状況を受け、政府は1954年、組合対策として、児童・生徒に対する政治扇動・教唆等を禁止する「義務教育諸学校における教育の政治的中立の

23　文部省学校教育局『新制高等学校教科課程の解説』教育問題調査所、1949年、p.11。

24　この辺りの経緯について、新海英行「戦後教育改革に学ぶ―改革から反改革へ―」『名古屋柳城短期大学研究紀要』第37号、pp.1－13. 参照。

25　原本は上下二巻に分かれており、上巻は1948年10月30日に、下巻は1949年8月26日に刊行された。その後、1995年に上下巻を合わせた書籍として径書房より出版された。文部省『文部省著作教科書民主主義』径書房、1995年。

26　小玉・萩原・村上（2016）では、従来は1950年代を、教育において保革イデオロギー対立が激化した時期であると捉えることが一般的だったのに対し、その底流においては教育の脱政治化が進んでいたことを明らかにしている。小玉重夫・萩原克男・村上祐介「教育はなぜ脱政治化してきたか―戦後史における1950年代の再検討―」『年報政治学2016－Ⅰ』2016年、pp.31－52。

27　旭丘中学校事件につき、後藤雅彦「旭丘中学事件が示す政治教育としての学習の方向性―事件化に至るまでの学校現場における教師の指導を中心に―」『現代社会文化研究』No.49、2010年、pp.65－82. 等参照。

確保に関する臨時措置法」、及び、教員の政治活動を制限する「教育公務員特例法の一部を改正する法律」という二本の法律を成立させ（いわゆる教育二法[28]）、「教育を党派的勢力の不当な影響または支配から守」るための制度整備を進めた[29]。また公選の教育委員会も党派化し、選挙が度々政治的対立の場となったことから、政府は1956年9月、「地方教育行政の組織及び運営に関する法律」を制定し、教育委員会の公選制を改めて任命制とした[30]。

　1956年11月、愛媛県教育委員会が勤務評定を根拠にして教職員の昇給を行う計画を打ち出すと、日教組はこれに対して猛反発し、勤務評定反対闘争が全国に広がった。自民党・文部省は勤務評定の実施を推し進め、これをきっかけに評定権者であった学校長が大量に組合から離反した結果、学校運営が政治運動から切り離される傾向が強まった[31]。加えて、1958年5月、公立小中学校の学級編制と教職員の定数の標準について定める「公立義務教育諸学校の学級編制及び教職員定数の標準に関する法律（義務教育標準法）」が成立し、児童・生徒数→学級数→教職員数という計算の方式が確立した。これにより、義務教育費の予算編成過程が行政執行の枠組みとしてルーティン化し、政治対立の場となることが回避された[32]。

4.4　制度の「脱政治化」と現実の政治闘争（1960年代）

　1950年代に制度が整備され、「教育の脱政治化」に向けた環境が用意されたものの、政府が意図した効果はすぐに出た訳ではなかった。1960年代は、日教組の政治的活動はまだまだ活発であり、学校現場においても政治的な対立事案は頻発していた。政府は、これに対し、法を受けた通達・通知という、より細

28　教育二法については既に膨大な先行研究が存在するが、その審議過程をまとめたものとして、戸田浩史「昭和29年の教育二法の制定過程〜教育の政治的中立性をめぐる国会論議〜」『立法と調査』No.305、2010年、pp.43−57. 参照。

29　大達文部大臣は「義務教育諸学校における教育の政治的中立の確保に関する臨時措置法」の趣旨説明において「教育基本法の精神に基き、義務教育諸学校における教育を党派的勢力の不当な影響または支配から守り、もつて義務教育の政治的中立を確保するとともに、これに従事する教育職員の自主性を擁護すること」を目的とすることを述べた（1954年2月24日衆議院本会議）。

30　教育委員会制度の変遷の経緯について、三上昭彦『教育委員会制度論　歴史的動態と〈再生〉の展望』エイデル研究所、2013年. 参照。

31　小玉・萩原・村上（2016）、pp.40−44。

32　小玉・萩原・村上（2016）、pp.35−37。

かな方策により、教育と政治を切り離すための施策を進めていく。

　1959年から60年にかけて安保闘争が若者を中心に大きな動きとなり、大学のみならず高校も政治的主張の発散と衝突が繰り返される場と化した。文部省はこれを受け、事務次官通達「高等学校生徒に対する指導体制確立について（1960年6月21日付）」で生徒の学校外の問題に関する政治活動を不適切とし、これを受けて全国高校長協会は未成年である高校生の政治活動は認められない旨の声明を発表した。また、文部省は初等中等教育局長通達「高等学校生徒会の連合的な組織について（1960年12月24日）」において生徒会連合の結成を禁止した[33]。

　1960年代末、大学紛争が激化すると、その影響は高校にも及び、授業妨害・学校封鎖等が行われるようになった。文部省はこれに対し、初等中等教育局長通知「高等学校における政治的教養と政治的活動について（1969年10月31日）」を出し、場所を問わず高校生の政治活動を全面的に禁止すべき旨を全国の教育委員会等に伝えた。

　一方で日教組は、1950年代後半から1960年にかけての道徳教育を含む学習指導要領改訂に対する反対運動、1961年～1962年の全国学力調査反対闘争等、自民党・文部省の打ち出す施策に対する抗議活動を続けており、日教組対策が政府与党にとっての大きな政治課題であることは変わりなかった[34]。

4.5　学生運動の終焉と「脱政治化」の進展（1970年代）

　1950年代、1960年代に教育と政治の分離を促す諸制度がつくられたが、1970年代は、大学紛争等、前時代を引きずる対立と衝突がなお残りつつも、徐々に制度の意図したものが教育現場においても現れつつある時代であった。

　未成年を含む若者の間には、首相訪米阻止やベトナム反戦を通して、継続的な抗議活動や過激な暴力活動に訴える者も未だ多数おり、これに関連して、駒場東邦事件、大阪府立阪南高校事件、新潟県立高校事件等、高校生によるビラ配布・集会・デモ等の政治活動を禁止することについて争われる事案も相次いだ[35]。文部省は1972年に編纂した『学校管理法規演習』にて、社会通念上著し

33　これらの通達、声明等につき、柿沼昌芳・田久保清志・永野恒雄『高校紛争－戦後教育の検証』批評社、1996年.、高柳直正「高校生の政治活動と規制の論理」『都立大学人文学報』71号、1969年3月、pp.35－52. 等参照。

34　当時の日教組の活動につき、森口朗『日教組』新潮社、2010年. 参照。

く妥当性を欠かない程度においてであれば政治活動を行った生徒を厳罰に処すことは校長の裁量の範囲内であるとし、改めて、高校生の政治活動は禁止されるべき旨を明らかにした[36]。

1970年代後半になると、学生内の抗争激化や相次ぐ暴力事件等によって学生運動は一般の支持を失い、その勢いは急速に衰えることとなった。それに伴い、高校生等の未成年が激しい政治的活動を行うことも減少し、教育現場に政治的対立が持ち込まれることもなくなっていった[37]。

一方で日教組はこの時期、労働運動に特に注力するようになり、スト権奪還を目標に1973年に半日スト、1974年に全日ストを行った[38]。これに対して当局は多数の組合幹部を逮捕・起訴し、沈静化を図った。翌年からも、主任制度化・主任手当支給阻止闘争等、ストを繰り返し実施したが、この頃から組合活動への無関心の広がりにより日教組の組織率は低下し、徐々に活動は停滞していった。

4.6　学校環境の変化と「脱政治化」の定着（1980年代）

1980年代は、それまで教育と政治を切り離すための装置として用意されてきた制度がようやく現実に浸透し、学校現場において教育の脱政治化が固まりつつあった時代と言える。

1970年代後半に学生運動が廃れていくと、1980年代には、大学生、そして当然、高校生以下に関しても、政治的活動に携わることは殆どなくなっていった。日本経済が発展し、社会が成熟する中で、社会そのものと対立するという感情が若者には生まれにくい環境となり、代わって、受験戦争の過熱やそこから疎外・排除された者による「荒れる学校」問題が、この時期の教育現場における

35　これらの各事件につき、勝山吉章「18歳選挙権と高校生の政治活動—政治活動を理由に生徒を退学処分にした福岡県立修猷館高校事件から—」『福岡大学人文論叢』第47巻第4号、2016年、pp.1127-1150. 参照。

36　文部省編『学校管理法規演習』第一法規、1972年、p.75。

37　学生運動の歴史につき、れんだいこ『検証　学生運動〈上巻〉—戦後史のなかの学生反乱』社会批評社、2009年.、同『検証　学生運動〈下巻〉—学生運動の再生は可能か?』社会批評社、2011年. 等参照。

38　日教組のストにつき、筒井美紀・長嶺宏作・末冨芳「日本教職員組合は73春闘半日ストをどう闘ったか—70年代序盤における日教組の政治的機会構造—」『法政大学キャリアデザイン学部紀要』第13号、2016年、pp.61-101. 参照。

新たな中心的課題となっていた[39]。

1980年代後半からは、上記のような学校現場が抱える問題への対応として、画一主義・詰め込み勉強からの転換が提案されるようになり、中曽根内閣の下に設置された「臨時教育審議会」は1987年、「個性重視の原則」「生涯学習体系への移行」「変化への対応」を謳った答申を発表した[40]。

日教組は1970年代後半からその勢力を縮小し、1985年には組織率が50％を下回るまでになった。加えて、労働戦線統一問題等に関して内部の路線対立が激化し、1989年には新たに結成されることとなった連合への加盟問題を契機に、主流派と反主流派が分裂する事態となった[41]。

4.7　時代の転換と教育の新潮流（1990年代）

1990年代は、1980年代の流れを引き継ぎ、国内においては教育と政治の距離が保たれる一方で、国外を中心とする時代の大きな変化と共に、徐々に教育行政や学校現場にも新たな対応が求められる兆しが感じられた時代であった。

東西冷戦が終結し、国際社会の権力構造が流動化する中、国内においても自民党と社会党による55年体制が崩壊し、政治はイデオロギー対立の時代を終えた。教育現場においても、日の丸の非掲揚・君が代の不斉唱問題等をめぐる日教組の抗議・抵抗はあったものの、政治的問題が日常的に持ち上がることはなく、時代の変化に合わせた「個性重視」の教育への転換をいかに図るかが重大なテーマであった。

1996年、第15期中央教育審議会は『21世紀を展望した我が国の教育の在り方について』という答申を出し、そこにおいては、社会に求められる教育の在り方として、全人的な「生きる力」を育むことの大切さを謳った[42]。これを受けて1998年、政府は「ゆとり教育」をスローガンとする新たな学習指導要領を決定し、ここには「総合的な学習の時間」「完全学校週休２日制」「教科書のスリム化」等が盛り込まれた。

また、海外においては、右派－左派の対立が終焉し、それまでの政治的対立軸が無力化する中、人間同士のコミュニティを再構成する重要性が叫ばれた。

39　80年代の学校の状況につき、木村元『学校の戦後史』岩波書店、2015年. 等参照。

40　臨時教育審議会『教育改革に関する第４次答申（最終答申）』1987年８月。

41　文部省編（1992）、第三編第四章第五節「教職員団体の動向」参照。

42　中央教育審議会『21世紀を展望した我が国の教育の在り方について』1996年７月。

そこからは、そうした地域社会や共同体を構成する市民の資質を指すものとして「シティズンシップ」の概念が注目され始め、これを教育においても重視しようという動きが広まっていった[43]。

4.8 変化する社会環境とシティズンシップ教育の起こり（2000年代）

　情報技術の発達と経済社会のグローバル化が進んだ2000年代は、それまで通用していたあらゆる常識に再定義が必要となり、政治と教育の関係性についても新たな方向性が求められる時代であったと言ってよい。

　「ゆとり教育」を謳った上記の新学習指導要領は、2002年に小中学校で、2003年に高校で、それぞれ施行されたが、すぐに「学力が低下した」という厳しい批判に晒されることとなった。政府は「理念や目標には間違いはない」としながらも、2007年には授業時間の10%増が盛り込まれた教育再生会議の報告書が発表され[44]、2008年には、それまでとは逆に教える内容を増加させた新学習指導要領が公示された。

　海外では「シティズンシップ」を育むための「シティズンシップ教育」が広がりを見せた。英国では1998年に政策文書「クリック・レポート」が発表され、2002年より中等教育段階において「シティズンシップ教育」が必修化された[45]。その際、そこにおける中核的内容の一つとなったのが政治的リテラシーであり、「主立った政治論争が何をめぐってなされ、それについて主立った論者たちがどう考え、論争がわれわれにどう影響するかを習得」することが重要とされた[46]。

　このような動きは日本でも起こり、経済産業省は2005年に「シティズンシップ教育と経済社会での人々の活躍についての研究会」を設置して、翌年には研究会報告書と共に『シティズンシップ教育宣言』を発表した[47]。これを受けて

43　小玉（2016）によれば、この時のシティズンシップ論は市民の資質とボランティアとが結びついているという点で「ボランティア的」と呼ぶことができ、それ以降のシティズンシップ論の有力な流れになっていった。小玉重夫『教育政治学を拓く　18歳選挙権の時代を見すえて』勁草書房、2016年、p. 152。

44　教育再生会議『社会総がかりで教育再生を・第三次報告～学校、家庭、地域、企業、団体、メディア、行政が一体となって、全ての子供のために公教育を再生する～』2007年12月。

45　この辺りの経緯につき、小玉（2016）、第八章、第九章、参照。

46　Bernard Crick, *Essays on Citizenship,* Continuum, 2005, p. 61（関口正司監訳『シティズンシップ教育論 政治哲学と市民』法政大学出版局、2011年、p. 89）。

各学校レベルでも導入例が出始め、例えば、お茶の水女子大学付属小学校では2008年度～2010年度に「小学校における『公共性』を育む『シティズンシップ教育』の内容・方法の研究開発」の研究指定を文部科学省より受けて、シティズンシップ教育のカリキュラム開発が行われた[48]。

4.9　新たな時代に向けた教育の「再政治化」（2010年代）

これまでの流れを踏まえて、2010年代は、政治と教育の関係性に関する議論を成熟させながら、教育を再政治化させていく方向性ができつつある時代と言える。

「脱ゆとり」と言われた新学習指導要領は、小学校では2011年度、中学校では2012年度、高校では2013年度から実施されたが、「総合的な学習の時間」をはじめ、実験・観察・調査・研究・発表・討論等、能動的で発信型の内容は残されており、文部科学省はこれを、ゆとりでも詰込みでもない、「生きる力」を育む教育、と呼んだ。

シティズンシップ教育は各地に広まり、埼玉県桶川市立加納中学校、琉球大学附属中学校、東京都品川区立の小・中学校、京都府八幡市立の小・中学校、神奈川県の高校等で具体的なカリキュラムに基づく授業が行われた[49]。

このような中、2015年に改正公職選挙法が成立し、選挙権年齢が18歳以上に引き下げられた。政府は『私たちが拓く日本の未来』を作成して配布し、これを基に全国の学校で主権者教育が行われるようになったのは既述の通りである。また、文部科学省は1969年に出した上記の初等中等教育局長通知「高等学校における政治的教養と政治的活動について」を廃止し、代わって、初等中等教育局長通知「高等学校等における政治的教養の教育と高等学校等の生徒による政治的活動等について（2015年10月29日）」を発出した。ここでは、「高等学校等の生徒が、国家・社会の形成に主体的に参画していくことがより一層期待される」と述べた上で、生徒たちには「現実の具体的な政治的事象も取り扱い、生徒が国民投票の投票権や選挙権を有するものとして自らの判断で権利を行使

47　経済産業省シティズンシップ教育と経済社会での人々の活躍についての研究会『報告書』2006年3月、経済産業省経済産業政策局『シティズンシップ教育宣言』2006年5月。

48　小玉（2016）、pp. 183－184。

49　水山光春「日本におけるシティズンシップ教育実践の動向と課題」『京都教育大学教育実践研究紀要』第10号、2010年、pp.23－33。

することができるよう、具体的かつ実践的な指導を行うことが重要」としており、生徒に対して政治に対する能動的・積極的な態度を期待することが明確に示されていると言える。

第五節　歴史を踏まえた主権者教育

5.1　教育の政治化、脱政治化、再政治化

　前節では、戦後から現在に至る政治と教育との関係性について歴史的経緯を概観した。教育に制度と実態の二つの側面があるとすれば、我が国の戦後における政治－教育関係は、制度と実態が時間的なずれを伴いながら一致し、また離反することで、教育の政治化→脱政治化→再政治化、という大きな流れを形成してきた歴史として捉えることができる。

　戦後、保革イデオロギーの二極構造の中において教育分野でも日教組対自民党・文部省という対立の構図が出来上がり、それが政権に、教育二法等、制度の面での脱政治化の流れを進めさせた。しかし、実態はすぐには制度に追い付かず、自民党・文部省への抗議・抵抗活動は、安保闘争・大学紛争として、高校生以下を含む若者に広がっていった。やがて、そうした活動は下火となり、学校やその生徒が政治的活動に巻き込まれることも少なくなって、実態が制度に追い付く形で脱政治化が定着した。

　すると今度は、冷戦構造の崩壊と多極化・グローバリゼーションという国際環境の変化や、詰め込み勉強への反省から来る個性・能動性重視といった国内的な流れが相俟って、「シティズンシップ」概念に代表される社会との関わりや市民としての義務と責任を教育にも求めようという動きが実態として強まっていった。教育と政治の分離を前提にした制度においては、生徒に政治への関与の仕方や政治的責任について教えることに困難もあったが、18歳への選挙権年齢の引き下げを契機に、制度面においても再政治化が進みつつある。これが、制度と実態という側面から見た、戦後の政治と教育の関係性についての大まかな経緯であろう。

　このような道程を経た背景を辿っていくと、やはり根本には、教育基本法における、教育上の政治的教養の必要性と学校における政治教育・政治的活動の禁止という、ある意味アンビバレントな二つの規定の共存があるのであろう。

しかし、これは教育基本法に問題がある訳ではなく、教育と政治という二つの要素が本質的に持つ矛盾の必然的な帰結と考えるべきである。社会を動かす中核的な要素としての政治は生徒に教えられるべき必須の事項であるのに対し、利害・感情・暴力といったものに支配されやすい政治的な対立や扇動に生徒を巻き込んではならないことは当然だからである。

5.2　教育と政治における関係性の再構築

　この意味で現在は、政治と教育の間に内在する葛藤を克服し、時代のニーズに合わせた形で両者の関係性を再構築していくことが求められていると考えられる。この点、小玉重夫は、上記のような歴史的経緯を踏まえながら、教育の再政治化の在り方を説いている。彼は、「シティズンシップ」をめぐるハリー・ボイトの議論に注目しながら、「不正と闘う大胆さや勇気、問題に取り組む才能、イデオロギーや価値が鋭く対立するかもしれない異質な他者と関わり合う政治的スキル」を「政治的シティズンシップ論」と呼び、これの可能性を追求することが「現実の政治社会構造の変化に対応しうる実行可能な課題である」としている[50]。

　また彼は、教育カリキュラムをシティズンシップの観点から組み換え、その中心に政治的リテラシーを位置づけることを「カリキュラムの市民化」と呼んだ上で、それが、既述のような変化を受けて現代において必要とされている旨述べる[51]。そして、「社会科などで憲法や人権、三権分立など社会の仕組みを知識として教えても、それだけで有権者として適切な政治的センスが磨かれるとは限らない」として既存の知識ベースの政治教育の問題点を指摘し、「社会の出来事には必ず政治的な側面がある。意見の異なる「他者」同士がつくっているのが社会だからである。物事を批判的に判断したり、意見の違いを突き合わせ問題を解決したりしていく「政治的センス」が、市民に求められるのである」として、それ故に「カリキュラムの市民化」が必要であると論じている[52]。

50　小玉（2016）、pp. 160-162。小玉が注目するボイトの議論として、Boyte (2002, p. 7) 参照。Harry Boyte, 'Citizenship : What does it mean?', *The Minnesota Daily,* Monday, September 9, 2002.

51　小玉（2013）では、教師としての役割遂行を中断する「中断のペダゴジー」を可能とするようなカリキュラム構造を学校に組み込み、そのために教科横断的な総合学習や教科外活動が利用されるべきとし、これを一般化したものが「カリキュラムの市民化」だとしている。小玉重夫『学力幻想』筑摩書房、2013年、pp.167-168。

52　小玉（2013）、p.168。

5.3 現代と主権者教育

イデオロギーによる二極構造が鮮明であった時代においては、政治への関与とはすなわち、右か左か、保守か革新か、を明らかにし、それぞれの立場に身を置くことであった。これは、彼／彼女が陣営ごとの対立における当事者の一人となり、憎しみと暴力、ひいては社会からの逸脱や離反が、普通の若者の日常のすぐ隣に迫ってくることを必然的に意味した。生徒を守るべき学校や若者を保護すべき国が、このような可能性をできる限り排除しようとするのは当然であり、その具体的な表れが、教育の脱政治化を進める一連の制度とその現場における運用であったと考えられる。

このような環境の下では、社会科公民的分野や公民科の授業で教えられる政治的事柄が、可能な限り論争的部分を除外し、必要な事実のみを淡々と教えるような内容になったとしても十分に理解できる。立場の相違の認識やそれに向けた積極的な関与をさせないようにするのが目的なのであり、これが、受験戦争や詰め込み勉強と相俟って、知識ベースの政治教育へとつながっていったのである。

しかし、その後、知識偏重への批判と個性や「生きる力」を重視した能動性・発信力を育む教育の必要性が叫ばれるようになる。そしてこの傾向は、イデオロギーのような個人にとっての確固とした基準がない時代において、多様な意見や考え方の中から自分なりの判断を下したり、それを調整して全体としての課題を解決したり、という意味での「政治的シティズンシップ」、「政治的センス」を育むことと同一の背景を持つものと言ってよい。「ゆとり教育」は教える分量の減少やそれと学力低下の関連性ばかりがクローズアップされて尻すぼみとなったが、もとは生徒が自ら考え、判断する能力を涵養する趣旨で始まったものであり、ここで言う「政治的シティズンシップ」、「政治的センス」と方向性として異なるものではない。

社会はますます複雑化・多様化し、テクノロジーの発達によって情報へのアクセスも発信も以前とは比較にならないくらい容易化している。答えのない時代における教育の役割とは、答えを教えることではなく、自らが答えだと思うものに辿り着くための方法論を教え、その訓練の場を提供することであろう。シティズンシップ教育はまさにこのような能力を身につけさせることを目的とするものであり、それを政治分野において具体化したものが主権者教育なのである。

5.4 教育の「再政治化」時代における主権者教育

　本書は、以上のような政治と教育の関係性をめぐる歴史的経緯やそれに基づくシティズンシップ教育、主権者教育の立ち位置を踏まえながら、必要な中立性を保ちつつ「政治的シティズンシップ」や「政治的センス」を子ども・若者に身に付けさせる際に提供されるべき政治的知識・知見や関係アクターの連携関係について考察するものである。「教育の再政治化」の時代にあって、「脱政治化」の時代を経てきた既存の政治教育が、それ故のどのような課題を抱えているか、また同様に、そのような歴史を見てきた関連アクターが、どのような問題意識を抱えているか、を理解することで、歴史的な経緯を踏まえた形で、現代において求められる主権者教育の在り方を模索することにつながるものと考えられる。

第一章　主権者教育と民主主義

第一節　主権者教育の視点から見た既存の公民教育

1.1　公民教育における政治的事柄の検討

　本章では、序章において示された問題意識のうち、第一の点について検討を行う。すなわち、主権者教育をより効果的に行うには、既存の公民教育で従来から教えられてきた政治に関する内容についても、主権者教育の趣旨に沿うような形で改善を行う必要があるのではないか、という課題である。これについて考えるため、本章では、中学校社会科公民的分野、及び、高校公民科「政治・経済」において教えられている政治的事柄について扱う。

　序章において述べた通り、主権者教育のような新たな動きは生徒の政治に対する能動的で責任ある態度を涵養するものとして歓迎すべきものである。しかし、当然ではあるが、このような新たな流れが起こる前から、既存の学校教育において教えられるべき内容として政治は含まれていたし、公民的分野や公民科の教科書においても政治は主要な項目の一つとしての位置づけを与えられていた。これを踏まえると、生徒の政治に対する正しい理解を育むには、主権者教育に加えて、こういった既存の公民教育の内容も同時に吟味され、改善され続けねばならないと考えられるのである。

　本章では、このような問題意識に立ち、中学校の社会科公民的分野、及び、高校の公民科「政治・経済」の教科書の記述に注目しながら、現在、学校現場では政治に関してどのような内容が教えられているかを確認し、また、主権者教育の立場から見て、そこに改善の余地があるのであれば、どのように改められるべきかを考察する。主権者教育が現実政治との関わり方を教える実践的性格が強いとすれば、中高の公民教育はそこに至る前提となる知識・知見を養うものと言え、それ故にその役割は重大である。本章は、公民教育のそのような性格を踏まえ、それに適した教育内容を模索する不断の改善プロセスの一つを成す試みとして位置づけられるのであり、ここに公民教育研究上の一定の意義

があるものと考えられる。

　以下では、まず、本節後半において、教科書の内容を検討する際の方法について述べる。それに基づき、第二節において、中学校の社会科公民的分野の各教科書の記述を確認した上で、教科書の記述に対して主権者教育の観点から改善し得る点について論ずる。これを踏まえて、第三節では、高校の「政治・経済」の教科書について同様の記述確認と検討を行う。

1.2　教科書における「民主主義」

　一口に政治と言ってもその内容は多岐に渡るが、本章では特に「民主主義」にその対象を絞ることとする。「民主主義」も極めて多義的で幅広い概念であるが、「人民の権力」または「人民の支配」[1]というその基本的な意味内容に基づくと、「民主主義」は、生徒が国民（人民）の一人として政治にいかに関わるか、主権者として与えられた権利をいかに行使するか、といった学校現場における政治教育のまさに中核に位置付けられるものと理解でき、公民教育における政治に関する事項を象徴するものとして、ここでの考察に相応しいと考えた。

　また、本章では中学校・高校[2]で用いられている各教科書会社の教科書を対象とし、そこにおいて「何がどのように記述されているか」を検討する。2018年現在、中学校の社会科公民的分野では7社から7冊の教科書が、高校公民科の「政治・経済」では6社から10冊の教科書が出版されており、これらにおける「民主主義」に関する記述を比較することにより、全体的な傾向や各社の共通点・相違点等を明らかにしていく。なお、高校については、1冊が在庫切れで入手困難であったため[3]、実際の分析対象となったのは、6社9冊の教科書である。中学については7社7冊全てが対象となっている。

　なお、各教科書会社の教科書の記述は、当然、学習指導要領の内容に基づいている。これを前提とすると、各教科書で「民主主義」という同一の要素に関

1　「デモクラシー（democracy）」の語源である「デモクラティア（democratia）」は「人民」を表す「demos」と「権力・支配」を表す「kratos」を合わせた語であり、山川雄巳は「人民の権力」「人民の支配」をdemocratiaの訳としている。山川雄巳『政治学概論（第2版）』有斐閣、1994年、p. 184。

2　ここで言う「中学校・高校」には、全日制・定時制・通信制の全ての課程学校の他、中高一貫校・高等専門学校・高等専修学校を含む。

3　入手困難であったのは、実教出版『高校政治・経済 新訂版』（政経312）。

する記述において比較に値する程の相違があるのか、むしろ学習指導要領の内容を分析対象とすべきではないのか、といった疑問が出てこよう。しかし、学習指導要領はあくまで教育課程編成の際の基準であり、政治的事柄に関しても、教えられるべき内容の大枠について述べられているに過ぎない。これを基に各教科書は独自の記述を行っているのであり、実際、次節以下で明らかになるように、教科書ごとに相当程度の相違が見られるのである。生徒が学習に当たって触れるのは教科書なのであり、「学校現場でどのような政治教育が為されているのか」に注目する本章としては、学習指導要領の内容を踏まえつつ、個別の教科書の記述をその分析対象として考えることとする。

1.3 「民主主義」の構成要素

　本章では、特に「民主主義」に絞り、その教科書における教えられ方について考察を行う。「民主主義」は多義的で様々な使い方をされる語であるため、学校教科書における記述を考える際も、いくつかの構成要素ごとに検討を進めるのが適している。この点につき、参考となるのが、村上弘の2016年論文である[4]。この論文では、「民主主義」と「市民社会」に注目し、それらを構成する各要素について、教育現場でどのような用語・概念を用いて教えられているかが示されている。それによると、まず「民主主義」は、「多数者による支配」、「多元主義・自由主義」、「（直接的な）政治参加」、「熟議」に、「市民社会」は、「自律性」、「合理性・知性」、「公共意識」に、それぞれ分けられる。その上で、「横浜市選挙管理委員会の中高生向けウェブサイト」、「明るい選挙って何（明るい選挙推進協会ウェブサイト）」、「用語集　政治経済（高校生向け教材）」の三つの資料につき、各要素と関連する記述が挙げられ、全体として「民主主義」、「市民社会」がどのような政治学用語・概念によって説明されているかが表としてまとめられている[5]。

　村上はこれを踏まえ、「多元主義・自由主義」では、「歴史、政治制度、政治思想に関連するものが目立」っていること、「（該当する記述が少なく）熟議や公共意識は、教えにくそうに見える」こと、等を指摘し、その上で、「ポリアーキー」と「公的異議申し立て」」、「国家や政治権力（政党、官僚など）への批

4　村上弘「政治学教育における目的、内容、方法—多元的民主主義と政党システムの教え方を中心に—」『年報政治学2016—Ⅰ』2016年、pp. 117—140。

5　村上（2016）、p. 126、表1。

判的視点」等が「政治学教育の責務に属する」ものであると述べている[6]。

　本章では、議論の複雑化を避け、簡略な考察を目指す観点から「市民社会」に関する要素は捨象し、その上で、「民主主義」を「多数者による支配」、「多元主義・自由主義」、「（直接的な）政治参加」、「熟議」という村上論文に倣った四つの要素に分けて考えることとする。各要素はそれぞれ現代の民主主義を考える上で不可欠のものであり、また、生徒の政治に対する関わりとそのための教育といった観点から見ても、必要な項目を一通りカバーできているものと考えられる。

第二節　中学校社会科公民的分野の教科書における「民主主義」

2.1　「民主主義」に関する中学教科書の記述

　ここでは、村上論文で挙げられた「民主主義」を構成する四要素（「多数者による支配」、「多元主義・自由主義」、「（直接的な）政治参加」、「熟議」）につき、中学の社会科公民的分野で現在、使用されている教科書ではどのような記述が為されているかを確認する。本章末に掲げられた表１－１～１－４（紙幅の関係で、表１－２、表１－４は二つに、表１－３は三つに、それぞれ分割してある）はそれぞれの要素に関する各教科書（７社７冊）の書きぶりをまとめたものである[7]。各表においては、それぞれの要素に該当すると考えられる記述を抜き出した上で、それを端的に表すキーワードも共に記してある。各要素が更に小さなカテゴリに分けられている形となっているが、これはあくまで教科書の記述を抜き出した後、それを踏まえて帰納的に与えられたものであることに留意されたい。

6　加えて、複数の意見や解釈を実際に理解した上で他者と議論するという実習の授業も意義が大きいと述べている。村上（2016）、p. 127。

7　記述の抜出にあたっては、村上（2016）の表１「高校用の『用語集 政治経済』」において各要素に該当するとされた用語の中から、中学教科書にも掲載されている語を選びとり、意味の似たものや概念上他の語に包含されると考えられるものを一つにまとめる処理を行った（例えば、「表現の自由」・「集会・結社の自由」⇒「精神の自由」、「リコール」・「レファレンダム」⇒「直接請求権」など）。また、現代政治における知識に絞る意図から、「市民革命」「アメリカ独立宣言」「フランス人権宣言」等、歴史的な用語については捨象することとした。各表の教科書タイトルの次に括弧書きで書かれている数字（東京書籍なら929）は、教科書を特定するために付されている教科書番号。

第二節　中学校社会科公民的分野の教科書における「民主主義」

　まず表１－１「多数者による支配」については、①国民主権、②多数決原理、③世論、④小選挙区制、という四つの小カテゴリが生まれている。①は政治の決定権力としての主権を国民自身が持つということであり、まさに民主主義の根幹を成すものである。また、②は最終的には多数者の意見が全体としての意見になることを指し、民主主義における意思決定の基本的な在り方を示すものと言える。①②は双方とも、その重要性を反映し、全ての教科書において記述が為されている。③は政治的決定を行う者は常に世論の動向に気を配る必要があるということであり、これも殆どの教科書において言及が為されている[8]。④は小選挙区制が多数派に有利な制度であり、これが二大政党制、そして政局の安定をもたらす傾向が強いことを指している。これについては、「小選挙区制」という用語そのものは掲載されていても、それと多数派支配との関係性にまでは言及が及んでいない教科書が相当数あり、特に教科書によって対応が分かれている項目の一つである[9]。

　表１－２－１、表１－２－２の「多元主義・自由主義」については、①精神の自由、②少数意見の尊重、③野党、④複数政党制、⑤比例代表制、⑥利益集団、の六つの小カテゴリに分かれている。①は物事を考え、それを発表する自由が保障されていること、②はたとえ全体から見ると少数に留まる意見でも尊重されねばならないこと、をそれぞれ示すものであり、自由主義の根幹を成すものとして、双方とも全ての教科書において言及されている[10]。③は政府・与党を監視し、批判する勢力としての野党の役割について述べるものであり、これも、健全な多元主義の基礎を担うものとして、全ての教科書で説明が為されている。④は異なる考え方の政党が複数存在することによって様々な意見が政治に反映され、一つの考え方に基づく政党のみが権力を握ることを防ぐということを示すものである。これについては「複数の政党が存在すること、それが認められていること」は事実として述べられていても、上記のようなその趣旨までは書かれていない場合があり、教科書によって記述に差があると言える[11]。⑤は多

8　自由社の教科書においては、政党や政治家が世論に訴えかける、という側面について書かれている。

9　多数派支配との関係性について書かれているのは、東京書籍・帝国書院・日本文教出版・育鵬社・自由社の教科書。

10　自由社の教科書においては「少数意見の尊重」という表現は出てこないが、似た趣旨の事柄は記述されている。

第一章　主権者教育と民主主義

様な意見を反映させるには比例代表制が適していることを示すものであるが、これに関しては上記の「小選挙区制」と同様、用語自体は掲載されていても、それと少数意見の反映、ひいては小党分立状況につながりやすいこととの関係性については、教科書によって対応が分かれている[12]。⑥は利益集団が社会の中の多様な利害を反映しており、それを政治に伝える役割を果たしていることを表すものであり、これについても「利益集団」という用語は掲載されていても、その政治過程上の機能までには言及が至っていない教科書も多い[13]。

　表1－3－1、表1－3－2、表1－3－3の「政治参加」については、①参政権、②棄権、③直接請求権、④投票の大切さ、⑤その他の参加方法、の五つの小カテゴリに区分されている。①は選挙権・被選挙権をはじめとする参政権が国民に保障された権利であることを示すものであり、全教科書において、憲法の中身を記す項目等で説明されている。②は、棄権が与えられた選挙権を放棄する行為であることを表すものであり、それが近年は相当程度高い水準にあること、それが決して望ましい状態ではないこと、までを含めて、全ての教科書で言及されている。③は地方自治におけるリコール、条例制定の請求等の直接請求権を説明するものであり、これも全ての教科書において、地方自治の項目で言及が為されている。④は、他のような事実を記述するものとは異なり、選挙で投票することがいかに大切か、棄権することがいかに問題か、について説明するものである。これについては、全ての教科書でこの趣旨の記述は見られたものの、その内容や長短は大きく異なっており、グラフや表を用いて1頁近くの紙面を割いているものもあれば、投票の意義について数行で簡潔にまとめているものもある[14]。⑤は、その他にも政治参加の方法は色々とあり、多様なチャネルを使って政治に国民の声を届けることが可能であることを示すものである。これについても、全ての教科書に何らかの記述はあるが、その厚みは様々であり、請願・住民投票・住民運動・利益集団への参加・政治家への陳

11　このような多元主義との関係性について書かれているのは、教育出版・清水書院・帝国書院・自由社の教科書。

12　少数意見の反映について書かれているのは、東京書籍・帝国書院・育鵬社・自由社の教科書。

13　社会の中の多様な利害を政治過程に表出させる点について言及があるのは、教育出版・清水書院・日本文教出版の教科書。

14　清水書院・帝国書院の教科書のように、若者の低投票率に特に注目し、若者が投票に行かないことの意味を説明する記述も多い。また、自由社の教科書のように、「義務」という表現を使って投票の意義を訴えるものもある。

情・ビラ配り・デモ行進・投書・取材要請等について、各教科書が独自の記述を行っている[15]。

　表1-4-1、表1-4-2の「熟議」については、①議論による政治、②メディアリテラシー、③話し合いの大切さ、④実践的授業、の四つの小カテゴリに分けられる。①は、政治的意思決定は徹底した議論を経た上で為されることを示すものであり、表現の違いはあれ、全ての教科書において記述されている。②は議論の前提となる情報に関して、メディアの報道を鵜呑みにするのではなく、それを材料にしつつも自分で冷静に考えて判断することが重要であることを説明するものであり、これも全ての教科書において、メディアの在り方を扱う項目で説明が為されている。③は、先の「投票の大切さ」と同様、事実の説明ではなく、良い結論を導くには他の人と議論し、意見をぶつけ合うことが大切であることを説くものであり、これについては、教科書によって相当程度記述の仕方が分かれていると言える[16]。また④は「ディベート」「ブレインストーミング」「プレゼンテーション」等の実践的授業を、具体的事例を含めて紹介し、各学校・各クラスで実際に行ってみることを提案するものである。これも、方法や事例の種類について教科書ごとに様々な形が存在すると言える[17]。

2.2　主権者教育の視点から見た「民主主義」の再検討（中学）

2.2.1　具体と抽象の行き来、全体と個別の把握

　ここからは、上記を踏まえ、主権者教育の視点から見て現在の教科書に改善の余地があるとすればそれはどのような点か、について検討を加えたい。まず、主権者教育との連携を考えた際、公民的分野に求められることは、政治的な理念や考え方を現実と結びつけて捉え、実際に起こっている事象からその政治的意味を見出すといった、具体と抽象を行き来する思考能力であると考えられる。

15　特に記述が厚いのは東京書籍と育鵬社の教科書であり、本文に挙げたものの他、情報公開制度の活用、団体の設立、講演会・展示会の開催、ネットを使った意見表明、政治家への立候補、等に言及されている。

16　「熟議」という用語について言及があるのは東京書籍の教科書のみ。あとは、「話し合ったり行動したりしながら、政治をおこなう技能を身につけ（清水書院）」「話し合いによる民主主義（帝国書院）」「話し合いをとおしてたがいに説得し合うこと（育鵬社）」など。

17　特に充実している帝国書院と日本文教出版の教科書では、秘密保護法に関する新聞記事の比較、まちづくりの方法提案と予算作成、表現の自由に関するブレインストーミング、一票の格差に関するディベート等、多様な題材について様々な角度からの実践的手法が提案されている。

政治に対する自律的で能動的な態度を育むには、何より目の前の政治的な出来事にどのような背景があり、それに対して自分がとる行動はどのような意味を持つのか、ということを理解しなければならない。そうでなければ、そもそも政治的事象に対して関わりを持とうとは思わないであろうし、関わったとしても、そこから自らの成長に資する意義あるフィードバックを得ることは困難であろう。

また、それに関連して、個別具体的な事項の全体における位置づけや役割を把握することも必要である。「民主主義」という全体はそれぞれ異なる意味を持った個々の要素によって構成されるのであり、全体を理解するには、それらの個別の意味を押さえることはもちろんだが、それに加えて、要素間の関係性や役割分担といった体系の成り立ちを把握することが不可欠なのである。

このような観点から現在の公民的分野の教科書を見てみると、少なからず更なる改善が為し得る点があるものと考えられる。以下では、これにつき、「多数者による支配」、「多元主義・自由主義」、「政治参加」、「熟議」という民主主義を構成する要素ごとに検討していく。

2.2.2　多数者による支配：小選挙区制の効用について

「多数者による支配」については、民主政治において物事を前に進めていくには、必ずいつかの時点で決定を下す必要があり、その際は、最終的には多数者の意見が全体の意見となる、ということを生徒に伝える必要がある。そしてその際は、抽象的な文字の羅列ではなく、「多数者による支配」という観点で見た時に、現実の政治的事柄がどのようなプロセスにおいてどのような役割を果たしているのかを具体的に理解させるものでなくてはならない。

この点を踏まえて教科書の内容を振り返ると、上に見た通り、小選挙区制に関しては教科書ごとに対応が異なっている。小選挙区制⇒多数者に有利な結果⇒二大政党制⇒政局の安定、という因果関係の連鎖は、多数者支配という民主主義の一側面を具体的制度とその実際的効果という形で象徴的に表すものであり、また、多数決というミクロの投票の視点を選挙制度と政党システムというマクロの視点につなぎ合わせるものでもある。いずれも民主主義の現実的な動きを理解するために極めて有用と考えられ、この点がより多くの教科書で強調されても良いと言える。当然その際は、多数支配による政権の安定は少数意見の反映と裏腹の関係にあり、後者は比例代表制においてより実現されることが

踏まえられるべきであろう。

2.2.3　多元主義・自由主義：現実の政治過程の教科書への反映について

　「多元主義・自由主義」については、民主主義の根幹を成す考え方であり、「誰でも自由に意見を表明でき、様々な人の様々な意見が存在することによって、社会全体が一つの方向にのみ進んで結果的に大失敗したり、一人の人が極端に大きな力を持って他の人を抑えつけたりすることを防ぐ」といった基本的な考え方について、具体的な政治制度や政治事象との関係の中で分かりやすく伝えていくことが求められる。この点、実際の教科書においては、上に見た通り、いくつかの項目において記述のばらつきが存在したため（複数政党制＝多様な意見の反映や権力の集中を防ぐ役割を果たしていること、比例代表制＝少数意見の反映に適していること、利益集団＝多様な利害を政治に伝える機能を持っていること）、これらに関して、できる限りの言及が為されるべきと言えよう。これらを通じて政治過程には様々な立場の様々な意見が表出されているのであり、そうした多元主義の基礎的な姿をこのような具体的項目を通して学ぶことは意義が大きいと考えられる。

　またその上で、政治過程には、いかなる多様な考え方が存在しており、いかなる多元的な勢力がいかなる活動をしているのか、という点についても多少の記述が為されてよい。多元性が保障されているのであれば、次はその中身について考えが及ぶのは必然である。上述の村上論文ではこの点に関して、「左派」、「右派」、「中道」といった概念までもが内容に含まれるべきとしているが[18]、中学校の教科書にそれを盛り込むか否かは別として、「大きな政府－小さな政府」、「国益と国際関係」、「国家と個人の関係性」等については、政治的な立場を分ける基本軸として、その現実政治における機能について触れられてもよいのではないか[19]。

　加えて、そこにおける各政党の基本的な立ち位置と理念について触れることも選択肢としてはあるが[20]、これに関しては、現状の我が国の政党システムの

18　村上（2016）、pp. 128－131。ここでは、もし「右と左」「保守とリベラル」といった基準がなければ、政党間の競争を認識する枠組みが曖昧になり、党首のイメージやネガティブキャンペーン等、単純な主張が力を持ってしまう可能性が指摘されている。

19　もっとも、「大きな政府－小さな政府」については、政治的な考え方を示す軸としてではないが、全ての教科書において、行政活動や経済活動の項目にて言及が為されている。

流動性を考慮すると議論が分かれるところであろう[21]。既述の通り、村上論文では、国家や政治権力への批判的視点につながるような要素も政治分野における教育の責務であると論じており[22]、これは教科としての社会科公民的分野というよりは主権者教育そのものの範疇で扱うべきものであろうが、例えば「ディベート」、「プレゼンテーション」等の実践的教育の紹介欄においてであれば、教科書に含める余地も生まれてこよう。

2.2.4 政治参加：投票の意義とルールメイキングへの関与について

「政治参加」は、選挙での投票をはじめ、生徒たちが特に自分のこととして考えやすく、また主権者教育との関わりも深い分野であろう。しかし、それ故に、中学生ですら繰り返し関連情報に接し、ややもすると有り触れた啓発スローガンに飽きてしまっていることも考え得る。教科書においては、「投票の大切さ」を説く記述は必須であろうが、その書き方には工夫の余地があるものと感じられる。ただ単に、「民主主義はみんなで政治的な事柄を決めるものであり、与えられた一票を無駄にしてはいけない」という書きぶりでは、「別に自分が投票しなくても結果は変わらないのでは」という素朴な疑問に答えきれないであろう。投票は、候補者や政策を判断したり、物理的に投票所に行ったり、といった多少のコストがかかるものである一方、それによって得られるベネフィットを実感することは難しい。よって、合理的な人間であれば棄権という選択を行うのは、ある意味で当然なのである。そのような合理的判断に反して人を投票に向かわせるには、「投票しないとどうなるか」について、やはり具体的に理解できるような伝え方をする必要がある。

「みんなが同じように考えて投票しなかったら、結局誰も投票せずに民主主義は崩壊する」という説明は分かりやすいが、リアリティにはやや欠ける。「投票しないことは、一部の強固な支持を持つ偏った考え方の人が権力を持ってし

---

20 東京書籍の教科書では、2016年参院選での各党（自民党、公明党、民進党、共産党、日本維新の会、社会民主党、自由党）の教育関連の公約が、各党党首の氏名・写真と共に掲載されており (p. 80)、これが全ての教科書の中で唯一、現実の政党の具体的政策を比較可能な形で載せてある例である。

21 政権政党の移り変わりや政党システムの変遷についても各教科書の記述は分かれており、例えば、2009年の自民党から民主党への政権交代については、東京書籍 (p. 81)・帝国書院 (p. 67) の教科書が、2012年の民主党から自民党への政権交代については、東京書籍 (p. 81)・帝国書院 (p. 67)・日本文教出版 (p. 81)・自由社 (p. 87) の教科書が、それぞれ言及している。

22 村上 (2016)、p. 127。

まうことを後押しすることと同じ」[23]の方がより現実に即した考え方と言えよう。投票したい候補者はいなくても、投票したくない候補者はいるかもしれない。棄権することは、そのような候補者が当選し、権力を握り、やがて自分にとって不都合な政策を実行するという可能性を、自らの手で高めてしまうことだと理解させることは、一定の意義を持つのではないかと考えられる。

また、政治参加の様々な方法については、教科書の紙幅の制限もあるだろうが、できる限り多くのものが紹介されることが望ましいであろう。選挙だけが政治に影響を与える方法ではないということを知れば、棄権を選択する合理的個人も選挙以外の政治への関与に合理性を見出すかもしれない。特に、政治家や官庁に働きかけることによって一般の市民がルールメイキングの一端を担うという考え方は、ロビイングが政治過程に定着している米国をはじめとする諸外国に比して、日本では未だ浸透しているとは言い難い。政策過程の出発点は統治機構の内部ではなく、その外部、つまり社会の中に数多存在する「困りごと」である。それを政治が把握し、取り扱うべき議題として議論の俎上に上がることで、政策実現の道筋が開かれる訳である。「困りごと」の内容を最もよく知るのはその当事者たちであり、それ故に、彼／彼女らがその中身について政治家や官僚に説明し、問題点や解決策を理解させることは、より良い政策、より良い社会をつくる上で極めて重要なのである。このような事柄は、政治行政への働きかけを意味するロビイングや、それを含めた政治行政との関係性構築全般を指す「ガバメント・リレーションズ（GR）」といった用語と併せて、教科書においても触れられてもよいと考えられる[24]。

2.2.5 熟議：議論の大切さと実践的教育の充実について

「熟議」については、民主政治は話し合うこと、議論することで成り立っており、現実の政治制度や政治過程においても、また有権者が政治について考える際も、それが基本に置かれるべき、ということを生徒に伝える必要がある。

23　東京書籍・教育出版・自由社の教科書では、このような趣旨の記述が見られる。

24　近年ではこのような考え方に基づき、ロビイング・GR担当の専門部署を置く大企業や、それらを包含する概念であるパブリック・アフェアーズを専門とする企業も僅かながら出てきている。藤井宏一郎・日々谷尚武「パブリック・アフェアーズの概念が、新たな社会をつくるカギになる」〈https://blog.pr-table.com/hibiya_interviews_04/〉（最終閲覧日：2019年1月30日）、桑島浩彰「日本企業にはロビイング力が足りない！」〈https://toyokeizai. net/articles/-/55352〉（最終閲覧日：2019年1月30日）等参照。

この点、教科書においては、話し合うこと、議論すること全般に関する記述が全体として薄い印象である。現実の政治には「多元主義・自由主義」に支えられ、様々な意見が表出されるが、その中で話し合いを重ねることにより、政治的な選択が可能なレベルに意見が集約され、最終的な意思決定が為される、といった政治過程において話し合いが果たす具体的機能について理解させることは、意義が大きいと考えられる。

　また、生徒たちが実際に話し合い、議論することによって体験として「熟議」を知ることは、実践的な主権者教育の役割となる部分が大きいであろう。各教科書には「ディベート」「プレゼンテーション」等の実践的教育の紹介を行う頁が設けられており、これを基に実際に授業でこれらの活動を行ことは主権者教育の実施に他ならないが、その際は、上記のような現実の政治過程における話し合いの機能や、有権者同士で議論を重ねることによる政治への理解の深まり、より広い視野からのものの考え方の習得といった効果について強調されるべきであろう。

　教科書における実践的教育の紹介については、可能な限りの充実が図られるべきであるが、その際は、熟議民主主義の前提とされる「相手の意見をよく聞き、必要であれば自分の意見を修正するという寛容な態度を心掛け、より良い結論に至るための建設的な努力を重ねる」という視点が中心にあるべきであろう[25]。これは、ややもすると相手を論破することが重視されがちな「ディベート」とは本質的に異なるものであり、多様性が担保された中でより広い合意を得ることで民主的な正統性を追求するという姿勢が民主政治を担う一人ひとりに求められることを、生徒たちが体験を通して理解できることが必要であろう。

第三節　高校社会科「政治・経済」の教科書における「民主主義」

3.1　「民主主義」に関する高校教科書の記述

　次に、高校の「政治・経済」の教科書についても同様に見ていきたい。高校において生徒は「公民科」の三分野「現代社会」「政治・経済」「倫理」の中か

25　熟議民主主義につき、田村哲樹『熟議民主主義の困難―その乗り越え方の政治理論的考察』ナカニシヤ出版、2017年．参照。

第三節　高校社会科「政治・経済」の教科書における「民主主義」

らいずれかを選択して履修することになっている。このうち、政治に関する事柄が教えられているのは「現代社会」と「政治・経済」であるが、このうち政治についてより詳しい記述があるのは後者であり、また、同一の教科書会社であれば、前者の内容が後者と異なることはないと考えてよいことから、ここでは特に「政治・経済」の教科書について検討を行う。6社9冊の教科書につき、中学の場合と同様、「多数者による支配」、「多元主義・自由主義」、「政治参加」、「熟議」の各項目に関する記述をまとめたものが章末に掲げた表1－5～表1－8である。ここでも紙幅の都合上、表1－5、表1－8は二つに、表1－6、表1－7は三つに、分割して掲載してある。

　「多数者による支配」（表1－5－1、表1－5－2）については、「国民主権」は政治の基本的な原理として全ての教科書で述べられている。「多数決原理」も殆どで触れられているものの、言及がない教科書も存在し、この点は中学とは若干異なる点であると言える。「世論」は現代政治に強く影響を与えるものとして全ての教科書で記述が為されている。「小選挙区制」については全てで言及が為されており、またその内容も、中学に比して、多数者支配との関係性が殆どの教科書で明確になっていると考えられる。

　「多元主義・自由主義」（表1－6－1、表1－6－2、表1－6－3）については、「精神の自由」は憲法に保障された基本的自由として全てで触れられている一方、「少数意見の尊重」は言及がない教科書も存在する。「野党」は中学においては全ての教科書でその働きまで述べられていたが、高校では、各国の政治を紹介する箇所で用語として登場することはあっても一般的な説明が為されていないケースも見られる。「複数政党制」「利益集団」は、中学と同様であり、それの内容を説明する記述はあっても、それと「多元主義・自由主義」との関連や政治過程におけるその働きについては各教科書で記述が大きく異なっていると言える。「比例代表」は全てで言及があり、「小選挙区」と同様に、中学に比して、多様な意見の反映や小党分立といった功罪について、殆どの教科書で明らかになっていると考えられる。

　「政治参加」（表1－7－1、表1－7－2、表1－7－3）については、「参政権」は憲法に保障された政治的権利として、「直接請求権」は地方自治における基本的な権利を保障するものとして、それぞれ、全ての教科書で述べられている。「棄権」については、用語として掲載されていない教科書も見られるが、選挙における低投票率や政治的無関心については全てにおいて言及がある。「投

票の大切さ」は全てにおいてそれに該当する記述はあるものの、その内容は教科書ごとに大きな相違があり、全体としては、中学の教科書に比べて分量が少ない印象がある。「その他の政治参加」も各教科書で内容や分量が異なるのは同様である。

　「熟議」（表１−８−１、表１−８−２）については、「議論による政治」は全ての教科書で何らかの記述はあるが、教科書によって大きく表現の相違がある。「メディアリテラシー」は殆どの教科書で言及が為されているが、記述がないものも存在する。「話し合いの大切さ」に関しては、直接的に「話し合うこと、議論することの重要性」を述べる教科書はむしろ少なく、有権者一人ひとりの積極的能動的な態度が重要、といった文脈で間接的に述べるケースが多い。「実践的授業」については、全ての教科書で何らかのものは提案されているが、紙幅を割いて方法や題材を具体的に示しているものから、「考えてみよう」といった形で頁末に数行程度の記述があるものまで、その内容は大きく異なっている。

3.2　主権者教育の視点から見た「民主主義」の再検討（高校）

3.2.1　多数者による支配：小選挙区制の効用について

　「多数決原理」については、あるいは高校になれば書くまでもないのかもしれないが、基本的な意思決定方法の在り方として、やはり触れられるべきと考えられる。「小選挙区制」に関しては、中学では教科書間で書きぶりに相当の相違があったが、高校では、多数者支配の体現や、二大政党制、ひいては政局の安定といったそれがもたらす効果まで殆どの教科書で言及されている。願わくば、選挙ごとに結果が大きく変化する制度であり、一政党の大勝利や大惨敗をもたらす可能性を持つことを説明できれば、一層理解は深まるのではないかと考えられる。例えば、1993年のカナダ総選挙では、与党であった進歩保守党は改選前169議席から改選後２議席へという大惨敗を喫したが、こうした分かりやすい具体例を盛り込むことによって、現実政治とリンクした形で選挙制度の効用を学ぶことが可能となるであろう。

3.2.2　多元主義・自由主義：野党・複数政党制・比例代表等について

　既述の通り、中学では「野党」はその機能を含めて全ての教科書で述べられていたが、高校においてはその一般的な機能に言及が及んでいないものも見ら

第三節　高校社会科「政治・経済」の教科書における「民主主義」

れた。当たり前のこととして省略されたのかもしれないが、政治過程において多元主義を具体化させる基礎となるものであり、一言でも触れられるべきと考えられる。また、「少数意見の尊重」も同様であろう。

「複数政党制」に関しては、「野党」と同様、多元性の確保という一般的な機能については言及が為されるべきであろう。高校においては、社会主義国を例に一党独裁が続いている国に関して殆どの教科書で言及があるが、これは、異なる政治社会制度との対比の中で民主主義の価値を認識させるものとして極めて有効と考えられる。

「比例代表」については、多様な意見の反映という長所と、小党分立と政局の不安定という短所に関してはほぼ全ての教科書で言及が為されており、これは、中学とは異なる点であると言える。これを踏まえて、ドント式・最大剰余方式等、比例代表にも様々な方式があり、それぞれで少数派に有利な度合いが異なることまで併せて説明できれば、より理解が深まるものと考えられる。「利益集団」については中学と同様、それが多元性の確保や社会と政治をつなぐ役割を果たしていることがより強調されるべきと言える。

また、基本的な対立軸についても、「大きな政府－小さな政府」、「国益と国際関係」、「国家と個人の関係性」等については、その現実政治における機能について触れられてよいものと考えられる。高校においても「大きな政府－小さな政府」は、殆どが経済財政政策の文脈で述べられており、これに加えて、政治的な立場を捉える基軸としての機能についても言及が為されてよいと言える。中学と同様、高校においても、実在する政党の理念的・政策的な立ち位置に関する記述は殆ど見られないが、それを教科書に盛り込むか否かは別として、現実政治への理解を深めるための有効な取り組みとして、ディベート・プレゼンテーション等の実践的授業の中で取り入れることは検討し得るのではないかと考えられる。

3.2.3　政治参加：投票の意義とその他の政治参加について

「棄権」については、投票率の低下や政治的無関心の広がりに関する言及はあるが、やはり、生徒に自分のこととして考えさせるには、投票権を放棄すること、というその本来的な意味が強調されるべきと言える。「投票の大切さ」「その他の政治参加」は、中学に比して分量そのものが少ない印象であるが、18歳選挙権との絡みから、可能な限りの紙幅が用意されるべきであろう。その内容

については、中学の項で指摘したような工夫が求められよう。

3.2.4　熟議：議論の大切さと実践的授業の充実について

「議論による政治」については、教科書ごとに記述が異なっているが、現代民主政治の基本は議論することであり、それが全ての前提になっていることは趣旨として含まれるべきであろう。また「メディアリテラシー」についても、やはり言及が為されるべきと言える。

「話し合いの大切さ」はあまり直接的な言及が見られないが、これについては「実践的授業」とセットで考えるのが良いだろう。教科書で言及するか否かは別に、実際にディスカッションやプレゼンテーションを行う際の大前提として、なぜ生徒同士で議論することが大切なのかを説明することで、民主主義において話し合いが持つ役割を理解できるものと考えられる。「実践的授業」について、「熟議」の意味を踏まえた上でできる限りの充実が求められることは、中学と同様である。

第四節　小　括

本章では、中学校社会科公民的分野、及び、高校公民科「政治・経済」の教科書において、政治、とりわけ「民主主義」に関わる事柄がどのように記述されているかを確認した上で、その内容について検討を加えた。そこからは、民主主義を構成する「多数者による支配」、「多元主義・自由主義」、「政治参加」、「熟議」の各要素について各教科書間での共通点と相違点が示され、それを踏まえて、現実の政治過程とのつながりに特に注意しつつ、主権者教育の観点から改善し得る点が示された。

本章における考察により、主権者教育と既存の公民教育との関係性が多少なりとも見えてきたものと考えられる。これを踏まえて次章では、制度に特化した形で、更に両者相互の在り方について検討していく。

第四節　小　括

第一章　主権者教育と民主主義

表1−1　「多数者による支配」に関する中学校教科書の記述

教科書	①国民主権	②多数決原理
東京書籍 『新編　新しい社会公民』 （公民929）	・国民主権は、国の政治の決定権は国民が持ち、政治は国民の意思に基づいて行われるべきであるという原理です。(p. 40)	・話し合っても意見が一致しないこともあります。その場合は、最後は多数の意見を採用することが一般的です（多数決の原理）。(p. 75)
教育出版 『中学社会　公民ともに生きる』 （公民930）	・日本国憲法では、主権者は私たち国民であり、国民が政治のあり方を決める力をもっていることが明示されています。これを国民主権といいます。(p. 40)	・最終的な決定の方法として、多数決の原理がとられています。(p. 75) ・議会でのさまざまな決定は、多数決によって行われます。(p. 78)
清水書院 『中学公民　日本の社会と世界』 （公民931）	・民主政治のもっとも基本的な原則は、自分たちのことは自分たちで決めるという考え方である。……これが、日本国憲法に定められた国民主権である。(p. 60)	・議会政治では、審議をつくして、最終的には多数意見にしたがってものごとを決めるという多数決の方法がとられている。(p. 75)
帝国書院 『社会科　中学生の公民　より良い社会をめざして』 （公民932）	・国民主権とは、国民の幸せの実現をめざして行われる民主政治において、政治のあり方を最終的に決める力（主権）が国民にあるということを意味します。(p. 38)	・民主主義においては、多数決がおもな意思決定の方法です。……より多くの意見を反映できる方法として、多数決が行われています。(p. 33)
日本文教出版 『中学社会　公民的分野』 （公民933）	・国の政治のあり方を最終的に決める力が国民にあることを、国民主権といいます。(p. 40)	・より多くの人の意見を政治に反映させるために、多数決の原理に基づいて決定が行われます。(p. 35)
育鵬社 『新編　新しいみんなの公民』 （公民934）	・主権が国民にあることを国民主権といいます。(p. 50)	・議論を重ねても、必ずしも全員が同じ意見になるとは限りません。その場合は、多数の考えを全体の意見とみなす必要が出てきます（多数決の原理）。(p. 86)
自由社 『中学社会　新しい公民教科書』 （公民927）	・国民主権とは、国の政治のあり方を最終的に決めるのは国民であるということです。つまり、国民の代表者が行使する権力は国民の権威に基づいていなければなりません。(p. 52)	・多数決により決められます。……多数決によって過半数をこえた意見が国民により最も支持された意見であるとして、政策として決定されるわけです。(p. 45)

③世論	④小選挙区制
・政府や政党は、しばしば世論の動向を参考にして政策を考えたり、政治を行ったりします。(p. 82)	・小選挙区制では大政党の候補者が当選することが多く、議会で多数派が作られやすい特徴があります。(p. 77)
・民主政治では、議会や政府は世論の動きに注意し、世論を反映した政治を行う必要があります。世論は、政治を動かす原動力になっています。(p. 80)	・小選挙区制は、一つの選挙区から一人の議員を選出する制度です。(p. 77)
・世論は政府や政党が政策を決定するうえで重要な役割を果たしている。(p. 62)	・選挙はその種別によって選挙区が定められ、1選挙区1名を選ぶ小選挙区、2名以上を選ぶ大選挙区がある。(p. 64)
・国会議員は世論の支持があってこそ選挙で選ばれ、政策を実現することができます。……こうしたやりとりによって、世論は国の政策に反映されていきます。(p. 62)	・小選挙区制では、選挙区ごとに1名しか当選しないため、大きな政党が有利となり、当選に反映されない票(死票)が多くなります。(p. 68)
・民主政治は、世論による政治だといわれます。……政府や政党が国民から支持されるには、世論に目を向け、世論にこたえる政策を進める必要があります。(p. 82)	・二大政党制はふつう、小選挙区制の国で生じやすく、どちらか一つの政党が内閣を組織し、しばしば政権交代が生じます。(p. 81)
・民主政治を行う上で、世論はきわめて大きな影響力をもっています。(p. 93)	・小選挙区制は……政権交代を可能にし、政治の腐敗を防ぐといわれています。しかし、死票(当選に結びつかなかった票)の割合が高く、その結果、少数意見が切り捨てられやすくなるという問題もあります。(p. 91)
・政治家や政党がマスメディアを通じて、自己の主張や政策の構想を国民にアピールし、世論の支持を訴える場合もあります。(p. 82)	・小選挙区制は、政治を活性化して2大政党制に向かわせる、といわれる。しかし、この制度では各選挙区で1人の当選者以外に投じられた票はすべて死票となるため、民意がきめ細かく反映しないとの指摘がある。(p. 81)

第一章　主権者教育と民主主義

表1－2－1　「多元主義・自由主義」に関する中学校教科書の記述（その1）

教科書	①精神の自由	②少数意見の尊重	③野党
東京書籍『新編　新しい社会　公民』（公民929）	・日本国憲法は、精神の自由を保障しています。(p. 52)	・反対の意見を持つ人も多数の意見に従うことになるため、結論を出す前に少数の意見も十分に聞いて、できるだけ尊重すること（少数意見の尊重）が必要になります。(p. 75)	・内閣を組織して政権をになう政党を与党といい、それ以外の政党を野党といいます。(pp. 80－81)
教育出版『中学社会　公民　ともに生きる』（公民930）	・「精神活動の自由」：自由にものを考え、意見を述べ、行動することは、私たちが生きていくうえで、とても大切なことです。(p. 42)	・多数決での決定の前には、少数意見を尊重して十分に話し合い、合意を目ざす努力が必要です。(p. 75)	・政権に参加しない政党を野党といい、政権を批判したり監視したりします。(p. 78)
清水書院『中学公民　日本の社会と世界』（公民931）	・人は、心の中においては自由である。憲法はそれを精神の自由として保障している。それは自分で自由にものごとを考え、自分の正しいと思うことを信じる自由と、そうした考えを主張し、表現することの自由から成り立っている。(p. 36)	・少数派の人びとにも発言の機会を十分に保障して討議を深め、自分たちの意見を国民に示すことが重要である。(p. 75)	・野党は、与党の政策や法律案が国民全体の利益に反しないかを監視し、ときには反対する役割を負っている。(p. 66)
帝国書院『社会科　中学生の公民　より良い社会をめざして』（公民932）	・（精神）の自由には、自分の思想や考えが国家によって干渉されないための思想良心の自由、自分の考えを表現するための表現の自由などがふくまれます。(p. 48)	・多数決にあたっては、単に数の多いほうに決めるだけでなく、異なる立場の人たちが十分話し合い、合意点を見出せるような取り組みが必要です（少数意見の尊重）(p. 33)	・政権を担当しない政党（野党）も、自分たちの政策が実現するように国会で活動し、さらに与党の政策に誤りがないか、国会で議論を続けます。(p. 66)

④複数政党制	⑤比例代表制	⑥利益集団
・複数の政党が議席を争う政党政治が行われています。(p. 80)	・比例代表制では小選挙区制よりも少数意見も代表されやすいかわりに、議会が多数の小政党によって構成され、決定がしづらくなることがあります。(p. 77)	・自らの目的を実現するために、議員や政党などを説得したり応援したりする団体を、利益集団(圧力団体)といいます。(p. 79)
・一つの政党しか存在が許されない場合は、一党独裁となり、考え方の違いや政府への批判が自由である民主主義の原則に反します。(p. 79)	・比例代表制は、政党の名前を書いて投票し、得票数に応じて政党に議席を配分するしくみです。(p. 77)	・特定の利益を代表する団体(利益団体)も、政党にはたらきかけることで、目的の実現を目ざす場合があります。……利益団体も、国民と政治をつなぐ役割を果たしています。(p. 79)
・一つの政党が国民の意見に耳を傾けることだけではなく、さまざまな意見が議会で尊重されるために少数派を代表する政党も必要である。議会がこうした複数の政党から成り立っていることも大切である。(p. 66)	・比例代表制は、有権者が支持する政党に投票し、その得票率に応じて、事前に提出された各政党の候補者名簿の上位者から順に議席を割りあてる。(p. 65)	・自分たちの意思を政治に反映させるために、政党や国・地方公共団体にはたらきかける団体を利益団体という。利益団体があらわれたのは……特定の団体に固有の利益を政治に反映させることがむずかしくなったからである。(pp. 66－67)
・政党が一つしか認められなければ、国民のさまざまな意見を政治に反映することはできません。そこで、民主政治の下では、複数政党制というしくみがとられています。(p. 66)	・比例代表制ではさまざまな世論は反映されますが、多くの政党が乱立して、政治が不安定になるおそれもあります。(p. 68)	・議会や政府にはたらきかけて自分たちが求める政策を実現させようとする圧力団体(利益団体)もあります。(p. 67)

第一章　主権者教育と民主主義

表１－２－２　「多元主義・自由主義」に関する中学校教科書の記述（その２）

教科書	①精神の自由	②少数意見の尊重	③野党
日本文教出版『中学社会　公民的分野』（公民933）	・私たちにとって、自由にものを考え、正しいと信じる生き方をし、正しいと思うことを発表することは、生きるうえでなくてはならないことです。……日本国憲法では、精神の自由を保障しています。(p. 46)	・結論を出す前に、少数意見の尊重のために、十分に議論することがたいせつです。多数者の利益のために、少数の人たちの権利を不当にうばうことは許されません。(p. 35)	・野党は内閣を監視し、政策を批判し、政権交代をめざします。(p. 80)
育鵬社『新編　新しいみんなの公民』（公民934）	・憲法では……精神の自由を幅広く保障しています。……人々が考えを自由に主張できることは……民主政治にはなくてはなりません。(p. 62)	・少数意見でも採用できるものはとり入れるという柔軟な姿勢が大切です（少数意見の尊重）。(p. 86)	・それ以外の政党は野党とよばれ、与党の政策を批判したり政治を監視したりする役割を担っています。(p. 88)
自由社『中学社会　新しい公民教科書』（公民927）	・憲法は……私たちの内心における思想や信教（精神の自由）と、その表現にかかわる自由を広く保障しています。(p. 65)	・しかし、多数決は万能でしょうか。何でも多数決で決めてよいのでしょうか。(p. 45)	・政権を担当しない政党は野党と呼ばれ、与党の政策への批判や対案の提示を通じて、与党の政治をチェックする役割を果たします。(p. 87)

48

④複数政党制	⑤比例代表制	⑥利益集団
・政党政治のあり方には……二大政党制と……主な政党が三つ以上ある多党制などがあります。民主政治ではない国のなかには、一党制の国も存在します。(pp. 80−81)	・多党制はふつう、比例代表制の国にみられます。どの政党も議会の過半数に達しない場合が多く、複数の政党が協力して連立内閣（連立政権）を組織します。(p. 81)	・さまざまな利益団体　多様な団体が政治や政策に意見をもち、人々の意見に影響をあたえ、世論を形成します。(p. 82)
・ヨーロッパの多くの国でも、三つ以上のおもな政党があり、しばしば連立政権が成立します。イギリスやアメリカでは二つの大きな政党がありますが、このような二大政党制の場合、選挙で政権を担う政党が代わる政権交代がしばしば起こります。(p. 89)	・比例代表制は、有権者の意思が議席数として正確に反映できたり、死票を減らしたりする長所がありますが、多くの政党の分立をまねき、政治が不安定になりやすいという短所もあります。(p. 91)	・利益集団（圧力団体、プレッシャーグループ）とは、共通の利害をもった人々がつくる団体で、その団体の利益になるよう、選挙の票や政治資金を武器に、自らの要求を実現しようとします。(p. 92)
・現在の中国のように、共産党の一党独裁制は、国民からみて政治について自由に意思を表明する選挙の手段がなく、議会制民主主義のもとでの政党のあり方とは異なっている。(p. 87)	・比例代表制は、多様な民意が各政党の議席数に反映されるが、小党が乱立し政治を不安定にすると指摘される。(p. 81)	・経済団体など、国会議員以外の団体が、希望する政策の実施を議会や政府に求める場合もある。このような団体を圧力団体と呼ぶ。(p. 86)

第一章　主権者教育と民主主義

表１－３－１　「政治参加」に関する中学校教科書の記述（その１）

教科書	①参政権	②棄権	③直接請求権
東京書籍 『新編　新しい社会　公民』 （公民929）	・国民が政治に参加する権利が参政権です。(p.56)	・今日の選挙の課題として、選挙に行かない棄権が多いことが挙げられます。(p.78)	・私たちの日常生活と密接に関わる地方自治では……住民による直接民主制の要素を取り入れた権利（直接請求権）が認められています。(p.105)
教育出版 『中学社会　公民　ともに生きる』 （公民930）	・私たちが政治に参加する権利を参政権といいます。(p.60)	・投票率が低いことも、日本の選挙が抱える課題の一つです。	・地方自治体では直接民主制のしくみを取り入れ、住民の声が十分に生かされるようになっています。……こうした権利は、直接請求権とよばれます。(pp.110-111)
清水書院 『中学公民　日本の社会と世界』 （公民931）	・主権者である国民は、国民のための政治がおこなわれるよう政治に参加する権利（参政権）を保障されている。(p.50)	・投票率が低いことも大きな問題である。とくに、若い世代の投票率が低い。(p.65)	・住民は、長（首長）や議会に対して、国政の場合と異なるさまざまな権利をもっている。……これを直接請求権という。(p.88)

④投票の大切さ	⑤その他の参加方法
・民主主義を確かなものにするためには、私たち一人一人の積極的な政治参加が欠かせません。中でも重要なのが選挙です。(p. 76) ・多くの人が選挙を棄権すると、一部の人たちによって政治の大切なことが決められてしまうことになります。(p. 78)	・国や地方公共団体、政治家に働きかけることも政治参加です。立場や利害を同じくする人々の集まりである利益集団（圧力団体）に加わることや、身近な地域で、住民としてまちづくりや住民運動などに関わることも、政治参加と言えます。選挙運動の手伝いをしたり、自らが選挙に立候補して政治家として活動することも考えられます。選挙に立候補する権利である被選挙権も、選挙権と同様、一定の年齢以上の全ての国民に認められています。最近では、情報公開制度を利用して、国や地方公共団体の仕事などを調べたり、監視したりすることも行われています。また、インターネットを使って、政策について調べたり、政治に関する問題についてみんなで議論したり、政治家に自分の意見を伝えたりすることも、新しい形の政治参加といえます。(p. 79)
・選挙は国民が政治に参加する最も重要な機会です。選ばれた議員が決定を行うため、選挙は政治の大きな方向性を決める大切な意義をもっています。(p. 76) ・投票率が低いと、投票した少数の有権者の意向だけを反映して議会での決定が行われることになり、当選した議員や選挙、議会での決定に対する信頼性を低下させることにもつながりかねません。(p. 77)	・選挙や投票に参加したり、政治について意見を発表したりすることが、私たち国民による政治の決定にとって、とても重要です。(p. 40)
・国民の意見や判断が議会や政府をうごかし、政治に反映されるように、間接民主制では国民が主権者としての自覚をもって、積極的に参加することが求められる。(p. 61) ・選挙は、国民が主権者としての権利を行使する大切な機会である。私たちはまた、ふだんから国会や議員の活動、政党のうごきなどに関心をもつことも必要である。(p. 65)	・国民は……自分たちの意思や利害を、選挙だけではなく、世論調査や街頭での運動など、さまざまな方法をとおして表明していかなければならない。(p. 31) ・最近では、インターネットの普及により……自分の意見を発信できるようになった。それによって形成された世論は、ときに政治に大きな影響をあたえている。(p. 63) ・国民が新しい法律の制定をのぞむ場合は、署名や請願行動によって国会議員に要請したり、世論をとおして内閣に働きかけることができる。(p. 73)

第一章　主権者教育と民主主義

表１－３－２　「政治参加」に関する中学校教科書の記述（その２）

教科書	①参政権	②棄権	③直接請求権
帝国書院 『社会科　中学生の公民　より良い社会をめざして』 （公民932）	・国民がみずから政治に参加するための権利を、参政権といいます。（p. 54）	・近年の選挙では、若い世代の投票率が他の世代より低い傾向が続いています。（p. 100）	・地方の政治においては、国の政治とは異なり、直接民主制を取り入れた直接請求権がはば広く認められています。（p. 91）
日本文教出版 『中学社会　公民的分野』 （公民933）	・政治に参加する権利を参政権といいます。（p. 56）	・近年は選挙の投票率の低下が問題になっています。その背景には、多くの人の政治への無関心や、政党や政治家、政治全体に対する不信感の高まりがあります。（p. 82）	・住民には、首長や地方議員の解職（リコール）、議会の解散などを求める直接請求権が認められています。（p. 92）

④投票の大切さ	⑤その他の参加方法
・みなさんも、近い将来に選挙権を手にすることで、政治に参加する機会が増えます。国の政治について知ることは、国民主権を生きたものとするために大切です。(p. 61) ・若者の多くが投票を棄権していると、政治家は投票する人の多い年長の世代がかかえる問題を優先して取り組むようになるかもしれません。……若者の意見を政治に反映していくためには、今まで以上に積極的な政治参加が求められています。(p. 100) ・みなさんは、たったひとりの意見では政治に影響がないと思うかもしれませんが、それは誤りです。民主政治の下では、世論の支持がなければ政治を行うことはできません。……私たちには、社会を変える力があることを自覚しましょう。(pp. 100－101)	・(インターネットは)有権者にとっては、マスメディアを介さずに情報を得ることができ、選挙権のない若者でも政治家に意見を伝えることができます。(p. 63) ・私たちは主権者として、国会に対しては選挙を通じて、内閣に対しては内閣を支持する・支持しないといった世論によって、さらに裁判所に対しては国民審査や裁判員としての参加などを通して、その活動をたえず見守らなければなりません。(p. 85) ・まずはテレビや新聞などを通じて、国や地方公共団体の政治の動きに関心をもち、どのような課題に取り組んでいるかを知っておきましょう。そして、新しい社会のしくみをつくり出していくためには何が必要か、自分なりに考えてみましょう。(p. 101)
・国民の政治参加にとって、選挙権がとても重要になります。政党や候補者の政策をよく判断し、代表者を選ぶことによって、主権者である国民の意思が国政に反映されるのです。(p. 41) ・社会の課題を解決するには、一人一人が政治に関心を持ち、政治に参加することがたいせつです。(p. 82)	・政治参加には、憲法の参政権に基づいた議員など公職者への立候補、公職者を選ぶ選挙の投票、政党への参加、国会や行政機関に要望を伝える陳情や請願、条例制定などを求める直接請求、政策案を提示する団体や運動への参加、インターネットを通じた意見の表明などの方法があります。(p. 82) ・インターネットは、マスメディアを通さずに、政治と利用者が直接的で双方向の関係をきずくことができる新しい政治参加の方法です。(p. 83)

第一章　主権者教育と民主主義

表１－３－３　「政治参加」に関する中学校教科書の記述（その３）

教科書	①参政権	②棄権	③直接請求権
育鵬社 『新編　新しいみんなの公民』 （公民934）	・憲法が保障している自由や権利を確実なものにするためには、何より主権者である国民の意思を正しく政治に反映させることが重要です。……参政権は、民主主義の基礎となる重要な権利であり、中でも選挙権は最も重要なものです。（p.74）	・参政権は民主主義の根幹となる権利のひとつですが、近年、選挙があっても投票に行かず、棄権する人々が増加する傾向にあります。（p.75）	・地方公共団体の住民は……直接請求権をもっています。（p.116）
自由社 『中学社会　新しい公民教科書』 （公民927）	・日本国憲法は……国民がみずからの代表者を選ぶ選挙権を保障しています。……これらの諸権利が参政権と呼ばれるものです。（p.70） ・選挙によって私たちの代表を選出することが、最も重要な国民の政治参加の方法です。（p.78）	・選挙を棄権することは、結果として政治への参加権を一部の人たちに委ねてしまい、民主政治を根底から危機にさらすことになります。（p.79）	・首長や議員の解職（リコール）、議会の解散や条例の制定・改廃などを求める直接請求権も認められています。（p.103）

④投票の大切さ	⑤その他の参加方法
・参政権は民主主義の根幹となる権利のひとつですが、近年、選挙があっても投票に行かず、棄権する人々が増加する傾向にあります。多くの人々の長年の努力の結果、実現したこの権利を、私たちは責任をもって行使しなくてはなりません。(p. 75)	・国民は、集会・結社・表現の自由（21条）などの権利を使って、世論を形づくり、これを政治の場に反映させるようはたらきかけていくことも可能です。(p. 74) ・私たちは選挙権や被選挙権、直接請求権などを用いなくても、さまざまな方法で政治に参加することができます。同じ考えをもつ仲間を集め、団体を設立したり、政党や利益集団に加入することはそのひとつです。また街頭や駅前でチラシを配ったり、署名を集めたりすることやインターネットを通じて社会に直接訴えかけることもできます。場所を借りて講演会やパネルの展示会を開いたり、デモ行進したりするという手段もあります。直接、政治家や行政機関に足を運び、相談することも有効です。新聞に投書したり、広告を出したり、テレビ局に取材を要請したりするといった手段もしばしばとられています。地域の住民運動に参加するのも政治参加といえます。(p. 92)
・参政権は、権利であるとともに義務としての性格ももっています。国民は、各自の私生活の範囲をこえる公共のことがらについて関心をもち、みずから判断し、積極的に発言していくことを通して、自分たちの国や地方をよりよく発展させていくことが求められます。(p. 71) ・選挙のたびに低投票率が話題になる。憲法では、投票は国民の権利となっているが、義務とも心得るべきであろう。……多くの国民が選挙や政治に無関心となると、民意を反映しない偏った政党や政治家が政権をとるかもしれないからである。……低い投票率は、有権者の責任放棄である。……私たちは公民として政治の動向に深い注意をはらい、政党や政治家とその政権公約を厳しく検討しなければならない。(pp. 80－81)	・新聞、雑誌などには投書欄が設けられており、一般の読者が、そこに投稿して意見や主張を発表することができます。(p. 82) ・私たちが国や社会のあり方に疑問をもち、それをかえていこうとするとき、その方法には、マスメディアを活用して主張をアピールする、社会運動に参加する、投票を通じて自分の考えの実現を政治家に託すなどがあります。なかでも有力な方法が、みずから政治家を目指すことです。(p. 86)

55

第一章　主権者教育と民主主義

表1−4−1　「熟議」に関する中学校教科書の記述（その1）

教科書	①議論による政治	②メディアリテラシー
東京書籍 『新編　新しい社会　公民』 （公民929）	・国民主権の下では、国民一人一人の意見を尊重し、話し合いによって決定することが求められます。（p.40）	・私たちにも、マスメディアから発信される情報をさまざまな角度から批判的に読み取る力であるメディアリテラシーが求められています。（p.83）
教育出版 『中学社会　公民　ともに生きる』 （公民930）	・民主政治の基礎は、人々が自由に意見を出し合って議論をすることです。（p.75）	・私たちには……普段から何が正しいのかよく考えて受け取り、政治の動きを正しく理解していく姿勢が求められます。（p.81）
清水書院 『中学公民　日本の社会と世界』 （公民931）	・議会政治では、審議をつくして、最終的には多数意見にしたがってものごとを決めるという多数決の方法がとられている。（p.75）	・私たちはつねに、注意深く情報を受けとらなければならない。（p.63）
帝国書院 『社会科　中学生の公民　より良い社会をめざして』 （公民932）	・これからの国会には、少数意見を尊重して活発な討論を行う「言論の府」としてのあり方がさらに求められています。（p.73）	・マスメディアの情報をうのみにせず、信頼できる情報は何かを冷静に判断する力（メディアリテラシー）が必要になります。（p.63）

56

③話し合いの大切さ	④実践的授業
・日常から政治や社会の動きに注目し、他の人と政治について話し合ったりすることを通じて、考えを深めていくことも重要です。(p. 40) ・私たちは、その情報をそのまま信用するのではなく、政治について話し合い、異なる意見もよく検討したうえで、公正に判断すること（熟議）が大切です。(p. 83)	・「ちがいのちがいを追求しよう」（カードを基に論題をつくってディベート）(pp. 68−69) ・「だれを市長に選ぶべき」（候補者の主張を読み、誰に投票するか考える）(pp. 72−73) ・「X市の市長選挙に立候補しよう」（仮想市長選に立候補し政策を考える）(pp. 114−115)
・選挙や投票に参加したり、政治について意見を発表したりすることが、私たち国民による政治の決定にとって、とても重要です。(p. 40)	・「ディベート」（犯罪の防止か、プライバシーの保護か、について議論）(pp. 58−59) ・「プレゼンテーション」（まちづくりアイデアの提言）(pp. 114−115)
・私たちは、自分たちのまわりの自分たちで解決できる問題について、のぞましい結果がえられるように話し合ったり行動したりしながら、政治をおこなう技能を身につけ、政治を観察する目をきたえていくことができる。(p. 27) ・政治をよりよい方向に導くには、私たちが正しい知識を身につけ、主体的に判断し、意見を述べることが必要だ。無責任な意見が世論をかたちづくれば、政治は腐敗する。また、世論が多数派の専制におちいる危険性もある。少数意見も尊重しながら、市民の意思を政治において実現させる慎重さが求められている。(p. 63)	・「卒業論文を書いてみよう」(pp. 186−187)
・話し合いのなかでより良い考え方が生まれ、理性的な判断が可能になります。私たちの権利を保障していくためには……話し合いによる民主主義が必要です。(p. 33)	・「ディベートで議論を深めよう」（権利の保障と公共の福祉）(pp. 56−57) ・「新聞について知ろう」（新聞から身につけるメディアリテラシー）(pp. 64−64) ・「自分が住むまちのまちづくりを考えよう」（まちづくりの方法提案・予算作成）(p. 97)

第一章　主権者教育と民主主義

表１−４−２　「熟議」に関する中学校教科書の記述（その２）

教科書	①議論による政治	②メディアリテラシー
日本文教出版 『中学社会　公民的分野』 （公民933）	・議会は国民にとって重要なさまざまな問題について審議し、決定します。（p. 96）	・私たち国民は……何がより客観的であり真実であるかを判断し活用できる能力（メディアリテラシー）を養っていくことがたいせつです。（p. 83）
育鵬社 『新編　新しいみんなの公民』 （公民934）	・民主主義で重要なことは、話し合いをとおしてたがいに説得し合うことです。（p. 86）	・国民は……なるべく種類や立場のちがう複数のメディアから情報を得るなどして、きちんと判断する能力（メディアリテラシー）をもつことが大切です。（p. 93）
自由社 『中学社会　新しい公民教科書』 （公民927）	・選出された代表者は議会（国会）に集まって政治のあり方を討議する（p. 76）	・何が確かな情報かをみきわめ、そのうえで、自分の意見を形成するメディア・リテラシーの能力が大切です。（p. 83）

③話し合いの大切さ	④実践的授業
・議会が国民の意見を反映した決定を行うためには、私たち一人一人が政治に関心をもち、選挙や言論を通じて積極的に参加することが必要です。(p. 35)	・「15歳は「子ども」？それとも「大人」？」(p. 67) ・「表現の自由について考えよう」（ブレインストーミング）(pp. 72－73) ・「情報の読み方と伝え方を学ぼう！」(pp. 84－85) ・「環境保全への取り組み」（調査・提案）(p. 94－95) ・「一票の格差の問題を考えよう―ディベート―」(pp. 116－117)
・民主主義で重要なことは、話し合いをとおしてたがいに説得し合うことです。だから、いろいろな情報や意見を聞き、何が正しいのかをめぐって議論を深めていくことが必要です。(p. 86)	・「政治の入り口」（議員の政策について議論）(pp. 84－85) ・「新聞の社説を比べてみよう」(pp. 94－95)
・参政権は、権利であるとともに義務としての性格ももっています。国民は、各自の私生活の範囲をこえる公共のことがらについて関心をもち、みずから判断し、積極的に発言していくことを通して、自分たちの国や地方をよりよく発展させていくことが求められます。(p. 71)	・「レポートと卒業論文をつくろう」(pp. 184－187) ・「ディベートをやってみよう」(pp. 188－193)

第一章　主権者教育と民主主義

表1−5−1　「多数者による支配」に関する高校教科書の記述（その1）

教科書	①国民主権	②多数決原理
東京書籍 『政治・経済』 （政経311）	・人民主権（国民主権）とは、国民そのものが絶対的な政治権力をもつという意味であり、人々が自ら政治を行うという民主政治の理念と深い関係がある。（p. 9）	・民主政治では、政治的な意思決定はたいてい多数決で行われる。全員一致で決めると、一人ひとりが拒否権をもつことになるので、弊害がある。（p. 17）
実教出版 『高校政治・経済』 （政経303）	・政治のにない手は人民であり、人民に政治の決定権（主権）があるという思想を含んでいた。このような考え方が、国民主権として明示的にうたわれるようになった……（p. 13）	・民主政治では、ふつう多数意見に従うという多数決原理が採用される。（p. 14）
実教出版 『最新政治・経済新訂版』 （政経313）	・国の政治のあり方を決める権限は国民にある（国民主権）。（p. 32）	・多数者の意見を全体の意思とすることが、現実的な方法となる。こうして民主政治は、多数決原理にもとづいて運営されることになった。（p. 13）
清水書院 『高等学校現代政治・経済新訂版』 （政経314）	・政治権力（憲法によってつくられる権力）の設立に先立って、国家の基本法である憲法が主権者である国民（人民）によって制定される（憲法制定権力を国民（人民）がもつ）ことによって、立憲主義と民主政治とはたがいに支え合う関係になったのである。（p. 15）	・集団のなかでの意思決定を多数決でおこなう方法がある。本来ならば、集団を構成する全員の満足が得られるように全員一致で決定するのがのぞましい。しかし、現実にはそれはむずかしい。そこで、意見の対立がある場合、多数者の意思を全体の意思とみなして決定をおこなうのが多数決の原理である。（p. 7）
清水書院 『高等学校新政治・経済新訂版』 （政経315）	・国民主権とは、国家の権力（主権）は国民のものであり、国民の意思にもとづいて、国民の利益のために行使されなければならないことを意味する。（p. 12）	・議会政治は、公開の場で時間をかけて議論し、最終的な意思決定は多数の意見にもとづいておこなうのが原則である（多数決原理）。（p. 41）

60

③世論	④小選挙区制
・民主政治は「民意による政治」であり、世論が政治のゆくえを左右する。(p. 76)	・小選挙区制は相対的多数派が多くの議席を獲得するしくみであるが、その反面、少数派の票は死票となり、議席に結びつかない。したがって、多数者支配型の民主政治に合致した選挙制度であり、結果として二大政党制や単独政権を生み出してきた。(p. 72)
・現代の民主政治では、世論が政治に対して強い影響力をもっている。世論とは、「公共の問題についての人々の意見」という意味の言葉である。世論が政治を動かす力をもっているため、選挙の結果だけでなく、世論調査の結果が政策決定に影響を与えたり、ときには内閣をかえたりする現象が生まれている。(pp. 82−83)	・小選挙区制は相対多数の得票をえた党が得票率より大きな議席占有率をもつので、選挙の勝敗がはっきりし、強い与党が生まれやすい。また二大政党制を生みやすいので政局の安定や、円滑な政権交代を可能にするといわれる。半面、落選者に投じられる死票(議席に結びつかない票)が多くなる。(p. 79)
・世論調査の結果が、政策決定に影響を与えたり、ときには内閣をかえたりすることもある。世論はこのように大きな力をもつので、現代政治では、世論がどのようにつくられるかが重要になる。(p. 48)	・1選挙区から1名を選出するのが小選挙区制で、多数党に有利である。これは、小党分立がさけられる反面、死票が多く、少数意見が適切に反映されないおそれがある。(p. 44)
・現代の民主政治は世論と密接な関係をもちながら発達してきた。とくに今日の大衆民主主義の時代にあっては、世論が政策決定に大きな影響力をもっている。(p. 85)	・図「選挙(区)制度の比較」小選挙区制＝長所：①政局が安定しやすい②有権者が候補者を理解しやすい 短所：①小政党に不利、死票が多い②大政党の得票数が議席数に過大に反映 (p. 83)
・大衆民主主義の時代といわれるこんにち、世論は民主政治を進める原動力となっている。(p. 55)	・小選挙区制は大政党に有利で、小政党の候補者への票は議席獲得に結びつかないため死票が増加するが、議会に代表を送ることのできる政党の数が減り、二大政党制をもたらす可能性が高いとされる。(p. 56)

第一章　主権者教育と民主主義

表１－５－２　「多数者による支配」に関する高校教科書の記述（その２）

教科書	①国民主権	②多数決原理
数研出版 『改訂版政治・経済』 （政経317）	・国民主権の原理とは、国民が国の政治のあり方を最終的に決定する力をもつというもので……（p. 15）	・最終的には多数決方式による議決で意思決定を行うが（多数決の原理）……（p. 16）
第一学習社 『高等学校改訂版政治・経済』 （政経309）	・日本国憲法は、……国民主権を明らかにしている。（p. 28）	・民主政治では通常、多数決が採用される。多数決は集団の一部が賛成していなくても、多数が賛成すれば、全員がその決定に従わなければならない。（p. 19）
第一学習社 『高等学校新政治・経済』 （政経310）	・日本国憲法は、国民主権、基本的人権の尊重、恒久平和主義の三つを基本原理としている。第一は、国民主権である。……国民は選挙などを通じて、政治への意思を表明する。（p. 16）	—
山川出版社 『詳説政治・経済改訂版』 （政経316）	・国家権力の源泉は国民になければならない、と考える。これが、国民主権の考え方である。（p. 11）	・議会は多数決の原理によって運営されており、……（p. 73）

③世論	④小選挙区制
・大衆が公共の問題についてほぼ共通して持っている意見を世論という。世論がつねに正論とはいえないが、現代民主政治において果たす役割は大きい。(p. 74)	・一般に、小選挙区制は、多数派の政党に有利で（多数代表制）、少数派は議席を獲得しにくく、二大政党制による安定した政治となりやすい。しかし、死票が多く、選挙民の多様な意思が反映されにくい。(p. 68)
・世論もまた政治を動かす原動力となる。……世論調査の結果は政権に対して影響力をもち、政策を左右することもある。(p. 82)	・小選挙区制では、第一党と第二党の候補者同士の争いとなりやすいことから、少数政党の候補者が当選する見込みが少なく、二大政党制になりやすい。そのため、政権が安定的になり、政権交代の場合は混乱が少ないとされる。しかし、死票（落選者に投じられる票）が多く、得票率と獲得議席に開きが生じるため、民意を反映しにくい。(p. 79)
・公共の問題に対して人々がもつ意見を世論という。政治は世論の動向を反映させる必要があるが、世論の正確な把握は難しい。(p. 46)	・小選挙区制は、……死票が多く、大政党に有利で、小党を排除する問題があるが、二大政党制を維持し、政権交代を実現するのに適しているとされる。(p. 44)
・民主政治とは、国民の世論に基づく政治である。世論とは、社会大衆に合意された共通意見のことである。(p. 79)	・小選挙区制は、獲得議席比率が得票率より大きくなる傾向があり、安定した政権や二大政党制を生み出しやすい。その反面、当選に結びつかない死票も多くなり、少数者の意見が無視されやすい傾向がある。(p. 76)

63

第一章　主権者教育と民主主義

表１－６－１　「多元主義・自由主義」に関する高校教科書の記述（その１）

教科書	①精神の自由	②少数意見の尊重	③野党
東京書籍 『政治・経済』 （政経311）	・「精神の自由」……これらは、何よりも人間の内面の自由を保障するものであるが、それとともに自らの思想を社会に伝え、働きかけていく自由が含まれている。（p. 32）	・多数決による決定が基本的人権を侵害するなら、それは「法の支配」に反し、問題である。多数意見が少数派の権利を不当に侵害するとすれば、「多数者の専制」であり許されない。（p. 17）	・政権につかない政党は、野党として与党に政策や選挙でいどむことになる。（p. 18） ・多数の議席を得た政党が与党となって政権を担い、それ以外は野党として与党の政権運営を監視する。（p. 68）
実教出版 『高校政治・経済』 （政経303）	・日本国憲法が保障する精神的自由権は、思想・良心の自由（第19条）、信教の自由（第20条）、表現の自由（第21条）、学問の自由（第23条）である。（pp. 40－41）	・多数決はともすると少数者の意見や権利をふみにじることになる。……討論や説得、少数意見の尊重などがあってはじめて、多数決は民主政治の有効な原理になるのである。（p. 14）	・イギリスでは、……野党は「影の内閣（シャドーキャビネット）」を組織して次期政権担当の準備をしている。（p. 16）
実教出版 『最新政治・経済 新訂版』 （政経313）	・憲法は、精神的自由権として、思想・良心の自由（第19条）、信教の自由（第20条）、表現の自由（第21条）、学問の自由（第23条）を保障している。（p. 20）	・「多数者の専制」をふせぎ、多数決を民主政治の有効なしくみとするためには、十分な討論や説得によって合意をつくる努力、少数意見の尊重などが必要である。（p. 13）	・政権に参加しない野党には、与党や政府の政策を批判し、行政を監視するなど重要な役割がある。（p. 42）

④複数政党制	⑤比例代表制	⑥利益集団
・多様な意見や利害を反映する複数の政党が活動し、政党間の競争が行われること（複数政党制）が民主政治にとってきわめて重要であるとされるようになったのである。（p. 16） ・競争的な選挙をともなう自由民主主義体制と異なり、単一政党が支配する体制を権力集中体制とよび、旧社会主義圏でみられる。（pp. 20−21）	・比例代表制は少数派の意見も議席数に反映されるが、小党分立をまねきやすく、連立政権を生み出すことが多い。（p. 72）	・利益集団（圧力団体）は特定の利益の実現のために、地域をこえて恒常的に政治や行政に働きかける集団である。利益集団は社会の声を政治や行政に伝える点で大きな役割を果たしている。（p. 71）
・「民主的権力集中制」社会主義が確立されると階級的な対立がなくなるので、複数の政党は必要なくなり、勤労者の共通の利益のもとに一つにまとまることが大切だという理念のもとに、権力の集中が強調された。（p. 18） ・これまでの社会主義国のように、政党が1つの場合を一党制、イギリスやアメリカのように2つの有力な政党が対抗するタイプを二大政党制、フランス・イタリア・ドイツなどのように3つ以上の政党が競争するものを多党制という。（p. 79）	・比例代表制は、多党制を生み多様な民意を反映した議会となる長所があるが、選挙の勝敗が明確になりにくく、小党分立や連立政権にともなう政局の不安定や、政治の停滞を生み出す傾向があるともいわれる。（p. 80）	・現代社会では、多くの社会集団（利益集団−経済団体や労働組合、農業団体）が活動し、政治に影響を与えている。（p. 82）
・選挙によって、議席の多数を獲得した政党が政権を担当する……政党政治は、政権交代を前提とし、政党間の競争を軸に、よりよい政治が行われることを目指して展開される。（p. 42）	・比例代表制は、国民が政党に投票し、各政党の得票数に比例して議席数を配分する制度で、死票をできるだけ少なくして、国民の多様な意見を議会に正確に反映させようとするものである。しかし、小党分立が生じ、政治が不安定になるとの指摘がある。（p. 44）	・「圧力団体」議会や官庁などに直接はたらきかけ、自分たちの利益を促進しようとする集団。経営者団体、業界団体、労働組合、医師や農民の団体などが、圧力団体として活動している。（p. 48）

第一章　主権者教育と民主主義

表１－６－２　「多元主義・自由主義」に関する高校教科書の記述（その２）

教科書	①精神の自由	②少数意見の尊重	③野党
清水書院 『高等学校現代政治・経済新訂版』 （政経314）	・日本国憲法では、精神の自由を広く保障している。（p. 44）	・多数決による決定が全体の利益を実現できないこともあるし、決定に反対した少数の人々の権利や利益を侵害することもある。多数者はその場合、少数者の意見に耳を傾けるとともに、自分たちの意見を再考することが求められる。そのためには、できるだけ時間をかけて、集団のなかの意見の対立を合意へと導く努力が大切である。(p. 7)	・イギリスでは、……野党は、「影の内閣」（シャドー・キャビネット）を組織し、政権をとった場合に備えている。(p. 22)
清水書院 『高等学校新政治・経済新訂版』 （政経315）	・人びとの内面の自由が保障されてはじめて人格の尊重がなされ、民主主義社会が維持されるとの認識に立ち、日本国憲法では、精神の自由について幅広く保障している。(p. 24)	・少数派にも十分な発言の機会をあたえて少数意見を尊重するとともに、寛容の精神が大切である。(p. 41)	・国会が行政監視機能を発揮するためには、とくに野党のはたらきが欠かせない。(p. 43)
数研出版 『改訂版政治・経済』 （政経317）	・憲法は、人間の存在の根幹にかかわる精神の自由として、思想・良心の自由（第19条）、信教の自由（第20条）、表現の自由（第21条１項）、通信の秘密（第21条２項）、学問の自由（第23条）を保障している。(p. 28)	・議事運営においては少数意見の尊重が求められる。(p. 16)	・与党の独走を防ぎ、国会と内閣との相互抑制機能を発揮するためにも、与野党が抑制・監視しあうことが求められる。(p. 48)

66

④複数政党制	⑤比例代表制	⑥利益集団
・20世紀になり、普通選挙制が普及すると、有権者の間に大きな利害対立が生じることになり、それぞれの利害や階層に支えられた政党が生まれた。(p. 81) ・社会主義諸国では権力集中制（民主集中制）が採用されてきた。……そのため、権力分立の原則は採用されず、複数政党制も認められず、人民を代表する政党は共産党だけであるとされ、共産党の一党支配がおこなわれてきた。(p. 24)	・図「選挙（区）制度の比較」比例代表制＝長所：①政党本位の選挙、民意が選挙に反映する 短所：①多党分立、政局が不安定になりやすい (p. 83)	・特定の団体の利益を実現するために、議会や行政官庁にはたらきかける圧力団体（利益集団）は、19世紀から20世紀にかけて、欧米諸国などで出現した。この背景として、議会が政策決定機関としての地位を占めたこと、政党が国民大衆のさまざまな要求に応じきれなくなったことにくわえ、職業の分化・専門化による利益の多様化などもある。(p. 81)
・現代の議会制民主主義では、政策などを政党が中心になって決める政党政治がおこなわれている。(p. 54) ・社会主義の政治体制の特色は、唯一の政党である共産党の指導者が政治の実権を握る権力集中制（民主集中制）である。(p. 17)	・比例代表制には、各政党に対する有権者の支持を正確に議席に反映できる長所がある（民意の反映）。しかし、議会に進出する政党が増えるため（多党制）、連立政権になりやすく、政党間の協力が適切におこなわれない場合には政権が不安定になるおそれもある。(p. 57)	・政党以外に国民と政治を結びつける集団に、経営者団体、労働組合などの利益集団がある……利益集団は……圧力団体として政策の決定に大きな影響力をもつことがある。圧力団体は国民の政治参加の媒体の一つとして機能する一方、集団を組織できない一般の国民の利益を損なうおそれもある。(p. 55)
・西欧諸国では、複数の政党が生まれ、議会で国民のさまざまな意思や利益を調整・統合するようになっていった。……現代では、政党を基盤にして国民の意思が国政に反映され、政府が組織されている。(p. 64) ・社会主義国家では、共産党を中心とする一党制（単独政党制）をとる国が多く、他の政治勢力が抑圧されてきた。(p. 64)	・比例代表制は、死票が少なく、少数派の政党も議席を獲得できるが（少数代表制）、多党制となりやすく、政治の不安定を生む可能性もある。(p. 68)	・現実の政治には、経営者団体・農業団体・労働組合などの圧力団体が強い影響力を及ぼすことがある。圧力団体は、……その要求実現のために政党・議員・官庁などに働きかける。それは民意を政治に反映させる一つのチャンネルでもある。(p. 74)

第一章　主権者教育と民主主義

表１－６－３　「多元主義・自由主義」に関する高校教科書の記述（その３）

教科書	①精神の自由	②少数意見の尊重	③野党
第一学習社『高等学校改訂版政治・経済』（政経309）	・精神の自由については、思想・良心の自由（第19条）、信教の自由（第20条）、学問の自由（第23条）を保障している。……日本国憲法では精神の自由を広範に保障している。（pp. 42－43）	・多数者がつねに正しいとは限らず、多数決が濫用されれば少数者の意見や権利が無視されることになる。議会制民主主義では、こうした多数決の矛盾や限界を多数者が認識し、少数者の意見を尊重して、その意見を取り入れるように努めることで、集団を構成する全員の利益にかなう、よりよい結論に達するのである。（p. 19）	・野党は政府や与党の政策を批判し、行政を監視するなどの重要な役割を担っている。（p. 75）
第一学習社『高等学校新政治・経済』（政経310）	・精神の自由については、思想・良心の自由、信教の自由、学問の自由を保障している。……日本国憲法では精神の自由を広く保障している。（p. 25）	―	・野党は、政府や与党の政策を批判し、行政を監視するなど重要な役割を果たす。（p. 42）
山川出版社『詳説政治・経済改訂版』（政経316）	・日本国憲法は細かく精神的自由権を保障している。（p. 32）	・審議の原理とは、少数意見の尊重をはかりながら、公開の討論を経たのち、最終的に多数決で議決するという考え方である。（p. 16）	・野党にまわった政党は、与党とは異なった政策を立案し、政権交代に備えて準備している。（p. 74）

④複数政党制	⑤比例代表制	⑥利益集団
・社会主義国においては、社会主義政党による一党独裁と権力集中制（民主集中制）が採用されている。(p. 22) ・政党は多様な国民の意思や利害、あるいは、さまざまな政治問題を、政策や綱領として集約することを通じて、国民の政治に参加する意欲と政治問題に対する関心を高め、世論を形成するための中心的役割を果たす。(p. 74)	・比例代表制は死票が少なく、民意を忠実に反映しやすい。そのため、少数政党の候補者も議席を確保できる可能性をもっているが、少数政党が乱立して多党制となり、政権が不安定化する傾向もある。(p. 79)	・圧力団体（利益集団）とは、集団の特殊利益の実現のために、政府や議会などに対してはたらきかけをおこなう団体のことである。……圧力団体がそれぞれの要求を掲げて、政府や政党にはたらきかけをおこなうことは、議会政治を補完する側面をもつ。(p. 75)
・社会主義の特色は、一党独裁と権力集中制（民主集中制）にあった。(p. 13) ・現在の日本は多くの政党が存在する多党制であるが、世界には一つの政党しか認められていない一党制の国や、二つの大きな政党が政権を争う二大政党制の国などがある。(p. 42)	・比例代表制は、有権者の意思を忠実に反映できるが、小党分立になり、政局が不安定になる恐れがある。(p. 44)	・政治に働きかけて自分たちの利益を得ようとするものを圧力団体という。……さまざまな圧力団体がそれぞれの要求を掲げ、政府や議会にはたらきかけることは、政党の機能を補い、国民の意思を政治に反映させる一つの方法である。(p. 43)
・中国では事実上、共産党の一党支配が続いており、全人代をはじめ、それぞれの機関を共産党が強力に指導している。(p. 21) ・イギリスでは労働党と保守党、アメリカ合衆国では民主党と共和党という二大政党が事実上、政権の座を争っている。政権を担う政党を与党といい、……これに対して、政権についていない政党を野党といい、……(p. 74)	・比例代表制は、……国民の多様な選択を議会に反映させることができ、死票も減るが、小党分立の不安定な政権が生まれやすいという意見もある。(p. 77)	・圧力団体は、……国会の審議や行政機関に直接働きかけることによって、自分たちの個別的利益の実現をはかろうとする政治的集団である。……自分たちの意見を政治の場に活かそうと働きかけることは、世論を反映させる一つの方法である。しかし、個別的な利益誘導は、国民全体の利益とは異なる場合もある。(p. 81)

第一章　主権者教育と民主主義

表１－７－１　「政治参加」に関する高校教科書の記述（その１）

教科書	①参政権	②棄権	③直接請求権
東京書籍 『政治・経済』 （政経311）	・政治や政策を通して権利の実現をはかるための権利として参政権（第15条）や請願権（第16条）が認められている。（p. 41）	・選挙をめぐる深刻な問題は、投票率が長期低落傾向にあることで、国政選挙の投票率が50％を下回ることもある。（p. 74）	・地方自治では、住民の直接請求権が認められている。（p. 65）
実教出版 『高校政治・経済』 （政経303）	・国民主権は、国民が主権の行使としての政治に参加する権利を認めなければ成り立たない。この権利を参政権という。（p. 13）	・無党派層の増加や選挙での投票率の低下傾向もあらわれた。（p. 83）	・住民自治の制度には、……直接請求権、行財政に関する情報公開などがある。（p. 71）
実教出版 『最新政治・経済新訂版』 （政経313）	・参政権は、主権者である国民が政治に参加する権利である。（p. 27）	・政治参加への消極性や選挙における棄権につながる政治的無関心の広がりは、多数の人々の生活に影響のある問題を、少数の人々の意見だけによって決定することになりかねない。（p. 49）	・地方自治法も、住民に、条例の制定・改廃請求権（イニシアティブ）、議会の解散請求権、長・議員・役員の解職請求権（リコール）などの直接請求権を保障している。（p. 41）

④投票の大切さ	⑤その他の参加方法
・政治的対立軸などについて理解を深め、積極的に政治に参加することが重要である。(p. 75)	・業界団体などの利益集団（圧力団体）などを通じて、政治家や行政機関に働きかけるということも、かつてはさかんであったが、今日では、それらの集団に属する人の割合が少なくなり、影響力も低下しつつある。そうしたなかで、消費者運動や環境保護運動といった、業界の利益をこえた、より広い人々の利害関心に訴える集団の活動が盛んになりつつある。……政治的議論を活性化する上では、インターネットも手段として注目される。自らのホームページやブログで意見を表明したり、ネット上の掲示板で意見を交換したりすることができるようになった。……さらに、政治的意見を表明するために街頭に出るデモという手段も、民主政治にとって重要である。選挙だけでは民意を政治の場に伝える手段として必ずしも十分ではないからである。(pp. 77-78)
・国民、とくに若い世代の政治的無関心は、民主政治の将来をあやうくする。若い世代が世界の動きに目をひらき、戦争や戦後の時代を経験した世代の意見に耳を傾け、主権者としての政治意識を育てていくことが期待されている。(p. 83)	・大衆運動は、労働運動、平和運動、消費者運動などのように、その主張を大衆の社会的要求として、示威運動（デモ）やストライキ・集会などの方法で表現し、政治に影響を与えようとする。……参加者個人の自立性をたいせつにしながら、平和、環境保全、人権擁護、福祉などの公益の実現を目指す社会運動に、市民運動がある。……(p. 82) ・近年は、e デモクラシーといわれる、電子メディア上の情報提供や議論もさかんである。(p. 83)
・わたしたち一人ひとりが、政治に関心をもち、積極的に政治に関わっていくことこそ、民主政治をささえる力となる。民主政治の良し悪しを決めるのは、わたしたち自身であることを忘れてはならない。(p. 49) ・「政治への参加―選挙―」18歳で投票できるということは、どんな意味があるのでしょう？投票するにあたり、やるべきこと、考えるべきことは何でしょう？(pp. 46-47)	・市民運動は、……署名活動・ビラの配布などで運動の趣旨を宣伝したり、集会やデモ行進、議会や官庁への請願・陳情などをおこなって、世論と政治に影響を与えている。また、行政と連携しつつ、環境保全や街づくり、医療・福祉など、身近な問題にも取り組んでいる。(p. 49) ・「e デモクラシー」市民がインターネットを利用して政治に参加すること。ネットを通じた政治討論、メディアや自治体のサイトへの意見の投稿などがおこなわれている。市民が直接、政治に参加する新たな手法として注目されている。(p. 49)

第一章　主権者教育と民主主義

表1－7－2　「政治参加」に関する高校教科書の記述（その2）

教科書	①参政権	②棄権	③直接請求権
清水書院 『高等学校現代政治・経済新訂版』 （政経314）	・人権を保障する政治を民主的にすすめるためには、選挙権・被選挙権を中心に参政権が必要であり、また、具体的に人権を確保するために請求権が保障されなければならない。(p. 54)	・政治に対する関心が低下し、政治的無関心を示す人々が増える傾向にある。(p. 85)	・地方公共団体の住民には直接請求権があたえられており、……有権者の一定数の署名をもって請求できる。(p. 76)
清水書院 『高等学校新政治・経済新訂版』 （政経315）	・基本的人権を実質的に保障するためには、政治に参加する権利である参政権……が不可欠である。(p. 29)	・民意を適切に反映する選挙制度を採用したとしても、投票に参加しない棄権者が増加すると、選挙結果は国民の意見を正確に反映したものとはいえなくなってしまう。(p. 58)	・地方自治法は、一定の条件のもとで、条例の制定・改廃請求（イニシアティブ）、事務の監査請求、議会の解散請求、長・議員などの解職請求（リコール）をおこなう権利（直接請求権）を、住民に保障している。(p. 49)
数研出版 『改訂版政治・経済』 （政経317）	・参政権とは、国民が政治に参加する権利であり、国民主権の原則を具体的に保障するために不可欠の権利である。(p. 32)	・これまでの選挙において、若年層の投票率は、残念ながら他の年齢層に比べてかなり低い。(p. 73)	・地方自治法によって、……直接請求権が認められている。(p. 61)

72

④投票の大切さ	⑤その他の参加方法
・選挙権年齢の引き下げにともなう若者に対する主権者教育の問題がある。日本では2015年に公職選挙法が改正され、有権者は20歳以上から18歳以上に改められた。有為な公民として、若者の政治参加が期待されるとともに、能力と意欲をどのように高めるかが課題とされる。(p. 84)	・さまざまな市民運動・住民運動が生まれ、人々の政治的な連帯感がつくりだされてきた。さらに、人権・環境・平和問題などの領域でも、非営利組織(NPO)の活動や市民ネットワークによる情報の交換や連帯も生み出され、新しいかたちで政治へのアプローチが展開されるようになった。(p. 86) ・今日、人々の新たなうごきとして注目されているのが、エコロジーやフェミニズム、平和や反原発など、これまでの住民運動や労働運動などの社会運動とは異なった運動である。(p. 87)
・低投票率は政策決定にも影響する。ある階層の人びと(たとえば若者)の投票率が際立って低い場合には、その人びとの意見は政策に反映されにくくなる。そこで、より多くの有権者の意見を反映するため、投票を義務化すべきではないかという声もきかれるようになった。(p. 58)	・政治参加の方法は選挙だけに限られるわけではなく、政党などへの寄付、特定の政策の実施を求める署名活動などによっても、政策決定に影響をあたえることができる。とくに地方レベルでは、身近な問題をきっかけに、市民運動・住民運動が活発化し、政策の決定を左右する場合も少なくない。(p. 59) ・無投票では政策競争がなくなり地方政治の活力が失われるので、政治のにない手を増やす工夫が求められている。(p. 59)
・民主主義国において最終的に政治を動かしているのは選挙であり、その選挙に参加して自分の意見を政治に反映させる機会が与えられていることの意義を深く意識することが大切である。(p. 73)	・市民運動は、特定の政党の枠を超え、市民が政治的・社会的問題の解決を目指し連帯して行う運動である。住民運動もこれに似ているが、その組織や運動内容は、地域との結びつきが強い。(p. 74) ・数年間の政治を決定する選挙の結果が、国民に一時的爽快感を与える政治家・政策によって決められてしまうのも、望ましい政治のあり方とはいえない。主権者国民には高い政治的成熟度が求められている。(p. 75)

第一章　主権者教育と民主主義

表１－７－３　「政治参加」に関する高校教科書の記述（その３）

教科書	①参政権	②棄権	③直接請求権
第一学習社 『高等学校改訂版政治・経済』 （政経309）	・憲法は、……国民が選挙を通じて政治に参加する権利を保障している。(p.48)	・若者を中心とした投票率の低下傾向の問題である。……今後は、若者の投票率を高めていくことが課題となっている。(p.81)	・地方自治法では、直接民主制の理念に基づいて、住民が直接請求できる権利（直接請求権）が定められている。(p.71)
第一学習社 『高等学校新政治・経済』 （政経310）	・国民が選挙を通して政治に参加する権利（参政権）を保障している。(p.27)	・選挙制度の問題は、……投票率の低さである。政治的無関心の増加とともに、若者や都市部の投票率は低下傾向にある。選挙で投票しない人が増えれば、一部の人々の主張しか政治に反映されなくなる。(p.45)	・住民には直接請求権が認められている。(p.41)
山川出版社 『詳説政治・経済改訂版』 （政経316）	・国民が政治に参加する権利が、参政権である。(p.41)	・近年の国政選挙や地方レベルの各種選挙などでの投票率は低落傾向にあり、投票にいかない人びとが増えている。(p.80)	・地方自治法は、……直接請求の権利を定めている。(p.70)

④投票の大切さ	⑤その他の参加方法
・私たちは、みずからの一票が政治を動かす原動力となることを認識し、一人ひとりが主権者として責任をもって投票することが求められている。(p. 81) ・政治的無関心が拡大し、選挙で投票しない人が増えれば、一部の主張だけが国政に反映されることになり、民主主義が空洞化することになる。(p. 83)	・民主政治を有効に機能させるためにも、国民は政治に対する無気力や無関心を捨て、参政権を行使することの重要性を改めて認識する必要がある。私たちは、民主主義を支える主権者としての自覚をもち、望ましい政治のあり方を考え、積極的に政治に参画しなければならない。(p. 83)
・政治的無関心が広がり、選挙で投票しない人が増えれば、民主主義が形だけとなり独裁政治や全体主義に対抗できなくなる。主権者である国民は、自覚をもって積極的に政治に参加していくことが大切である。(p. 47)	・選挙以外での、国民の政治参加としては、請願・陳情、直接請求、住民運動などがある。(p. 46)
・選挙を棄権すれば、結果的には政治的無関心（アパシー）となってあらわれる。政治的無関心が拡大すると、政治が主権者である国民からますます遊離したものとなる危険性がある。(p. 81)	・大衆運動や市民運動も広がりつつある。……集会やデモ行進などによって請願や陳情をおこない、そこに集まる人数の多さによって政治に働きかけたり、世論に影響力を与えて要求を実現しようとする。また署名運動やビラの配布など、さまざまな運動形態をとることに特徴がある。地域住民が中心となって、地域の環境問題などについて働きかける住民運動や市民運動も、地方政治では大切な役割を担っている。(p. 82)

第一章　主権者教育と民主主義

表1−8−1　「熟議」に関する高校教科書の記述（その1）

教科書	①議論による政治	②メディアリテラシー
東京書籍 『政治・経済』 （政経311）	・民主政治では人々の意見（世論）にもとづいて政治を行うが、その際、世論は正しい情報にもとづいて、開かれた議論のなかで形成されたものでなければならない。(p. 17)	・有権者はマスメディアに対して批判的な視点を忘れず、それを活用するための能力（メディア・リテラシー）をもつことが求められる。(p. 77)
実教出版 『高校政治・経済』 （政経303）	・議会制民主主義は、国民が選出した代表者で構成される議会の討議にもとづいて政治を運営していくことによって、国民の合意による政治という国民主権および民主主義の理念を実現しようとするものである。(p. 54)	—
実教出版 『最新政治・経済新訂版』 （政経313）	・「多数者の専制」をふせぎ、多数決を民主政治の有効なしくみとするためには、十分な討論や説得によって合意をつくる努力、少数意見の尊重などが必要である。(p. 13)	・情報に一方的に流されるのではなく、それを理性的に批判できる能力（メディアリテラシー）を養っておくことも必要である。(p. 48)
清水書院 『高等学校現代政治・経済新訂版』 （政経314）	・国会における審議を活性化するとともに、国の行政機関における政治主導の政策決定システムを確立することを目標に……(p. 66)	・私たちがメディアリテラシーを高め、より主体的に利用するとき、これまで政治が吸収できなかった世論形成や政治参加を可能にすることが予想される。(p. 87)
清水書院 『高等学校新政治・経済新訂版』 （政経315）	・議会政治は、公開の場で時間をかけて議論し、最終的な意思決定は多数の意見にもとづいておこなうのが原則である（多数決原理）。(p. 41)	・あふれる情報のなかで、今まで以上に正しい情報かどうかについて主体的・批判的に読み解く能力（メディアーリテラシー）を養う必要があるということも忘れてはならない。(p. 55)

76

③話し合いの大切さ	④実践的授業
・「選挙権の行使に向けて 事前に行っておきたいおもな活動例」①ディベートで具体的な政策について肯定側と否定側に分かれてその是非を討論する。(p. 79)	・スキルⅣ「プレゼンテーションや討論の方法」①プレゼンテーション　②ディベート　③ロールプレイ (p. 225)
・国民、とくに若い世代の政治的無関心は、民主政治の将来をあやうくする。若い世代が世界の動きに目をひらき、戦争や戦後の時代を経験した世代の意見に耳を傾け、主権者としての政治意識を育てていくことが期待されている。(p. 83)	・第3編「現代社会の諸課題」各項目の最後に、生徒に議論を促す記述（「check up」）(pp. 207－227)
・わたしたち一人ひとりが、政治に関心をもち、積極的に政治に関わっていくことこそ、民主政治をささえる力となる。民主政治の良し悪しを決めるのは、わたしたち自身であることを忘れてはならない。(p. 49)	・「政治への参加―選挙―」18歳で投票できるということは、どんな意味があるのでしょう？投票するにあたり、やるべきこと、考えるべきことは何でしょう？(pp. 46－47)
・今日の社会では、社会を構成する個人や集団による政治行動がたがいに関係をもち、影響をおよぼしあって政治が生み出され、かたちづくられる。ところが、この作用が現在十分機能していないのではないかといわれる。……主権者としての私たち一人ひとりの叡智や見識がますます問われることになる。(p. 87)	・第3編「現代の諸課題」各項目の最後に、生徒に各争点について考えさせる記述（「探究 考えてみよう」）(pp. 221－245)
・市民の政治参加を実りあるものにするには、市民も行政に要求するだけでなく、ともに責任を分かち合う協働の姿勢が重要になる。(p. 59)	・「主権者としての考え方や行動を身につけよう」1 討論してみよう 2 請願書を作成してみよう 3 各党の政策を調べて比較してみよう (p. 61) ・第3編「現代政治・経済の諸課題」各項目の最後に、生徒に各争点について考えさせる記述（「探究の視点」）(pp. 155－175)

第一章　主権者教育と民主主義

表1－8－2　「熟議」に関する高校教科書の記述（その2）

教科書	①議論による政治	②メディアリテラシー
数研出版『改訂版政治・経済』（政経317）	・議会は、国民のさまざまな意見を十分反映させて討論し（審議の原理）、その際、各議員に討論の自由が保障される必要がある。（p. 16）	・国民には、マスメディアに対して、報道内容が公正か、プライバシーの侵害や権力との癒着はないかなど、つねに批判的洞察力を持つことや、高い政治意識の確立が求められている。（p. 77）
第一学習社『高等学校改訂版政治・経済』（政経309）	・議会制民主主義には三つの原理がある。……第二は、審議の原理である。これは、公開の議場で与党と野党が討論を積み重ねて、議案に対する十分な審議をおこない、その中から最も多くの国民に支持されるような結論を見いだすことである。（p. 19）・国会は、十分な審議と徹底した討論をおこない、国民に議案の内容と特色を丁寧に示す役割を負っている。（p. 56）	・国民自身もマス・メディアの報道を主体的に読み取り、活用する能力（メディア・リテラシー）をもたなければならない。高度情報社会においては、国民も情報の正確さを確認したり、個人のプライバシーに配慮したりするなど、情報発信に必要な倫理観や能力を身につける必要がある。（p. 83）
第一学習社『高等学校新政治・経済』（政経310）	・議会制民主主義の三つの原理を宣言している。……第二は、審議の原理である。公開の議場で与野党が少数意見も尊重しながら十分討議を積み重ね、そのなかから最も多くの国民に支持される結論を見出すことである。（p. 30）	・受け手の国民も、報道された内容を鵜呑みにせず、主体的に読み取り、活用する能力をもたなければならない。（p. 47）
山川出版社『詳説政治・経済改訂版』（政経316）	・現代の民主政治は、議会における審議を通じておこなわれている。（p. 73）	・マスコミの流す情報やインターネットで流れる情報について、国民はそのまま鵜呑みにするのではなく、それが真実であるかどうかを判断するためのメディア＝リテラシーの能力を高め、各人が自分でよく考え、より正確な判断をする姿勢がいっそう必要とされる。（p. 80）

③話し合いの大切さ	④実践的授業
・有権者としては、選挙のないときにも政治的問題についての各種の意見に接し、さらに機会があれば議論の場で自分の考えを述べてみることが大切である。自信がないからといって発言を遠慮する必要はない。民主政治において誰かの意見が絶対に正しいというようなことはない。自由な議論のなかで自分と他人の意見を比較検討し、再考を重ねることで、より適切な結論に近づくことができるのである。18歳にまで拡張された選挙権を有意義に行使するためには、若者が積極的に政治的論争に参加することが期待される。(p. 73)	・第3編「現代社会の諸課題」10の具体的事例につき、議論が行えるように、それぞれに「意見A」と「意見B」を設定。(pp. 205－227)
・私たちは、民主主義を支える主権者としての自覚をもち、望ましい政治のあり方を考え、積極的に政治に参画しなければならない。(p. 83)	・第3編「現代社会の諸課題」各項目の最後に「探求課題例」として各争点に関する議論や発表を促す記述 (pp. 219－237)
・主権者である国民は、自覚をもって積極的に政治に参加していくことが大切である。(p. 47)	・「スキルアップ 課題探求学習の方法」1 調査しよう 2 まとめよう (pp. 124－127) ・第3編「現代社会の諸課題」各項目の最後に「探求課題例」として各争点に関する議論や発表を促す記述 (pp. 124－145)
・私たちは、「政治は自分とは無関係」「政治は政治家に任せておけばよい」「政治には期待しない」などと考えるのではなく、各人が民主主義の主役であることを自覚し、政治に関心を持って主体的にかかわることが大切である。(p. 82)	・「課題追及の方法と課題発表のしかた」(pp. 226－228)

第二章　主権者教育と議院内閣制・権力分立

第一節　政治学の立場から見た教科書

1.1　議院内閣制と権力分立

　前章では「民主主義」に特に注目し、教科書での記述のされ方を踏まえながら、その内容について主権者教育の観点から改善し得る点を検討した。これを受けて本章では、「議院内閣制」「権力分立」という制度に注目し、現在の公民教育においてそれらがどのように教えられているかを踏まえつつ、それに関する主権者教育的視点からの考察を行う。

　「議院内閣制」と「権力分立[1]」は、双方とも政治を学ぶ際の中核的な要素であり、中学・高校の公民教育においても必須の事項となっている。「権力の集中を防ぎ、国民の権利や自由を守る[2]」という権力分立の考え方自体は、非常に尊く、民主政治において重視されるべきものであることは疑いない。しかし、それに重きを置く度合いについては、それぞれの制度によって異なってこざるを得ず、議院内閣制に関しては、権力分立と決して親和性が高いとは言えないのが現代政治学における一般的な見方である。しかし、公民教育における学校教科書においては、このような政治学的な考え方が反映されているとは必ずしも言えないのが現状である。

1.2　主権者教育と政治学の同方向性

　主権者教育と現代政治学の立場は、当然、完全に一致している訳ではなく、現代政治学的な見方が主権者教育にはそぐわないこともあり得るであろう。しかし、現実政治の動的な態様を分析する学問としての現代政治学は、歴史的経

　1　義務教育における教科書では立法・司法・行政の三権による「三権分立」と表現されることが多いが、ここでは議院内閣制との絡みから、特に立法と行政の関係性に焦点を当てるため、本書においては「権力分立」という語を主として使用することとする。

　2　東京書籍『新編 新しい社会 公民』（公民929）、p. 38。

緯や思想・理念を踏まえつつも、変化し続ける政治の実態を実証的に捉えよう
とするものであり、この意味で、暗記型の座学教育よりも実際に手足を動かし
て現実政治へのアプローチを理解させる主権者教育に通ずるところが大きいと
言える。伝統的で静的で固定的なものに関して、その特性故にそれと現実との
間に乖離が生まれているとすれば、それを実態に合わせて解釈し直し、そこに
科学的な裏付けを行うのが現代政治学の役割である。これを踏まえると、従来
型の知識ベースの公民教育を脱し、能動的な発信型の実践的教育に軸足を置く
主権者教育に対しても、現代政治学が貢献し得る点は多いと考えられる。

　このような考えに基づき、本章では、既存の公民教育の内容を現代政治学的
な視点に照らし合わせ、そこに生じる相違や課題点について検討を加える。政
治を現実に即した形で正しく理解することは、主権者教育を行う上での大前提
であり、本章の試みは「議院内閣制」と「権力分立」という個別の事項に関し
てそれを実践するものと言える。

1.3　政治学と公民教育の乖離

　本章では、上記の議院内閣制と権力分立をめぐる政治学的な見方と公民教育
で用いられている教科書の内容の間の乖離を基本的な問題意識とし、その現状
を確認した上で、それがどのような要因によって引き起こされたものかについ
て明らかにすることを目的とする。議院内閣制と権力分立の関係性については、
後述するように、政治学の概説書等において言及が為されることは一般的であ
るが、それを学校教科書と関連付けて論じる作業はこれまで為されてこなかっ
た。この点、本章は、政治学と公民教育の記述・解釈を確認しつつ、そこに生
じていると考えられる乖離を埋めることを目指すものであり、ここに、教育研
究上の一定の意義を有すると考えられる。

　以下では、第二節において議院内閣制の定義を確認しつつ政治学と学校教科
書の乖離についてその現状を把握し、第三節においてそれを生み出す要因につ
いて検討する。これを踏まえて、第四節において法学との関係性を踏まえた政
治学の位置づけについて考察する。なお、本章では前章と同じく、中学社会科
公民的分野、及び、高校公民科「政治・経済」で用いられている教科書の記述
について考察を行うが、その際、中学においては7社7冊、高校においては6
社9冊の、前章と同一の教科書を使用することとする。

第二節　議院内閣制と権力分立：政治学と学校教科書の関係性

2.1　議院内閣制とは

　まずは、議院内閣制とは何かという点について、執政制度としての大統領制との区分に基づき、今一度確認をしてみたい。民主主義体制において行政を統括する部門を執政府と言い、その執政府の選出の仕方やそれと立法府との関係性等に関する諸ルールを執政制度と呼ぶ[3]。執政制度は大きく、議院内閣制と大統領制に分かれるが、両者を区分する基準となるのは、①執政府の長官がどのように選ばれるか、②執政府の長官がどのように解任されるのか、である[4]。議院内閣制において、①に関しては、議会から首相が選ばれ、②に関しては、首相は議会に責任を負いつつ議会の不信任によっていつでも解任される。これに対して、大統領制においては、①について、大統領は国民から直接選ばれ、②について、いったん選任された後は任期を全うするまで基本的に解任されない[5]。

　これを踏まえると、行政権（執政権）と立法権の関係性という観点において、両者は全く異なる性格を有していることが分かる。すなわち、大統領制においては、行政権と立法権は互いに独立しており、権力分立を明確に志向していると言えるのに対し、議院内閣制においては、両者は分離と言うより、むしろ融合を志向していると考えられるのである。

2.2.　政治学と学校教科書の乖離

2.2.1　政治学の考え方：立法・行政の融合

　ここで、政治学の概説書における、この点の記述について確認してみたい。表2－1は1990年代以降に刊行された代表的な政治学の概説書10冊において議

3　建林正彦・曽我健悟・待鳥聡史『比較政治制度論』有斐閣、2008年、p.104。

4　レイプハルトの基準では、これに、「合議制による内閣か、単独決済内閣か」という条件が加わる。Arend Lijhart, *Patterns of Democracy : Government Forms and Performance in Thirty - Six Countries,* Yale University Press, 1999, pp. 117－118参照。

5　以上、建林・曽我・待鳥（2008）、pp. 104－105。

6　戦後の政治学教科書を分析した酒井（2017）を参考に、議院内閣制と権力分立の関係性について言及があるものを選定した。酒井大輔「日本政治学史の二つの転換：政治学教科書の引用分析の試み」『年報政治学』2017－Ⅱ、2017年、pp. 295－317. 参照。

第二章　主権者教育と議院内閣制・権力分立

表２−１　政治学教科書における議院内閣制と権力分立に関する記述

著者・書名	議院内閣制と権力分立に関する記述
飯尾潤『現代日本の政治』放送大学教育振興会、2015年	（議院内閣制は）立法府と行政府の民主的な正統性は一本化されており、実際には首相や議会内多数派が、行政権と立法権を統一的に把握することになりやすい。(p. 29)
伊藤光利・田中愛治・真渕勝『政治過程論』有斐閣、2000年	（議院内閣制は）執政府と議会の権力的一体化が進む。……首相が党組織を通して議会多数派をコントロールしようとする。(p. 235)
加藤秀治郎『新版政治学入門』芦書房、1997年	（議院内閣制は）権力分立といっても、立法部と行政部に一定の連携関係が残されているのが特徴である。(p. 55)
加茂利男・大西仁・石田徹・伊藤恭彦『現代政治学 第４版』有斐閣、2012年	行政府と立法府との間に連携と緊張の関係が存在する点に、このタイプ（議院内閣制）の特徴がある。(p. 47)
久米郁男・川出良枝・古城佳子・田中愛治・真渕勝『政治学』有斐閣、2003年	立法府における多数派が行政府を握ることで立法権と行政権が融合し、強い執政部を生み出す議院内閣制……(p. 195)
小林良彰・河野武司・山岡龍一『新訂 政治学入門』放送大学教育振興会、2007年	行政の効率的な運用という観点から三権をある程度融合させる、特に立法府と行政府の融合を図っているのが……議院内閣制である。(p. 55)
佐々木毅『政治学講義(第２版)』東京大学出版会、2012年	議会制（議院内閣制）は権力分割モデルの端的な否定の上に成り立つ。(p. 167)
砂原庸介・稗田健志・多湖淳『政治学の第一歩』有斐閣、2015年	議院内閣制では、議会の多数派を掌握し、強いリーダーシップを発揮する首相が現れたとき、国民が求める法律を迅速に制定し、効率的な執政を行うことが可能になる。(p. 117)
田口富久治『政治学の基礎知識』青木書店、1990年	（議院内閣制により）内閣が、国の重要な政策決定の中心的地位を占めるようになり、逆に議会はせいぜい内閣にたいする批判と監視の機関にすぎないものとなっていった。(p. 144)
堀江湛・岡沢憲芙『現代政治学 第二版』法学書院、2002年	議院内閣制のもとでは、立法権と行政権との間に、権力の融合もみられるが、その反面、抑制と均衡の関係も保たれている。(p. 101)

院内閣制がいかに記述されているかについてまとめたものである[6]。これによると、大半の書において、立法権と行政権の関係性について、「一本化・一体化（飯尾）（伊藤・田中・真渕）」「融合（久米・川出・古城・田中・真渕）（小林・河野・山岡）（堀江・岡沢）」「連携（加藤）（加茂・大西・石田・伊藤）」等の表現が用いられており、傾向として、両者の融合・連携を志向するものが多いと言ってよい。

第二節　議院内閣制と権力分立：政治学と学校教科書の関係性

　議院内閣制においても、そもそも「立法」と「行政」という異なる権力を存立させている以上、両者の分立がまずあり、その上で、制度としてそれらを融合させている、という解釈が正しいであろう[7]。表2－1の各書において、「連携と緊張（加茂・大西・石田・伊藤）」、「批判と監視（田口）」、「抑制と均衡の関係（堀江・岡沢）」等の記述が見られることから、政治学の中でも、議院内閣制における両者の分離・分立が否定されている訳ではないことは明らかである。また、議院内閣制の中においても、英国に代表される、いわゆるウエストミンスター型では議会多数派と内閣が一体化するという意味で融合の傾向が強いのに対し、大陸欧州では議会と内閣が必ずしも一致しておらず分立の傾向が見られる、といった相違が存在することも確かである[8]。

　このように、政治学においても議院内閣制と権力分立をめぐる見解は決して一律ではなく、多様な考え方が存在していることには留意が必要である。しかし、少なくとも立法権と行政権の融合の側面が強調される傾向にあることは確かであり、これは表2－1全体にも表れていると言えよう。政治学においては、議院内閣制を、大統領制との対比の中で、二つの権力を結びつけ、連携・協調を志向するものとして捉えられていると理解できるのである。

2.2.2　中学校教科書の記述：権力分立と抑制・均衡

　続いて、学校教科書における記述を確認してみる。まずは中学校についてである。現在、中学校で使用されている社会科公民的分野の教科書では、全てにおいて「議院内閣制」と「権力分立（あるいは三権分立）」の双方について言及が為されているが、その殆どでは、議院内閣制と権力分立をそれぞれ別の項目で説明し、両者とも我が国の政治において中核的な役割を果たしている、といった書きぶりとなっている[9]。例えば、最もよく使われている東京書籍の中

7　このことは、議院内閣制の発祥の地である英国においても、当初、内閣は国王の執政を補佐するための機構であり、国王と共に議会と対峙する存在であったことから明らかである。待鳥聡史『代議制民主主義－「民意」と「政治家」を問い直す』中央公論新社、2015年、pp. 39－41. 参照。

8　大山（2011）は、大陸欧州の各国に見られる、閣僚と議員の兼職禁止規定や与党議員による政府提出法案の修正を例に、ウエストミンスターモデルのみが議院内閣制の在り方ではないことを明らかにし、日本はむしろ大陸欧州型との共通性が高いとしている。大山礼子『日本の国会－審議する立法府へ』岩波書店、2011年、pp. 112－125。

9　「三権分立」の語は7社全てで使用されているが、「権力分立」は4社（東京書籍・日本文教出版・育鵬社・自由社）のみで使用されている。

85

学校社会科公民的分野の教科書では、「行政の仕組みと内閣」の項目（p. 89）において、我が国では議院内閣制を採用していることが言及され、その11ページ後（p. 100）の「三権の抑制と均衡」の項目において、我が国は三権をそれぞれ別の機関が担当するという意味での三権分立を採っていることに触れられている。概して、学校教科書では、立法と行政の関係については互いの「抑制・均衡」が強調され、議院内閣制と権力分立を絡めた両者の連携・協力関係について言及があるのは２社のみとなっている[10]。本章末に掲げた表２−２は東京書籍を含む全ての教科書における関連個所を抜粋したものであり、確認のため参照されたい。

　このような、議院内閣制と権力分立をそれぞれ別々に説明する記述の仕方は、明らかに上記の政治学書における記述とは異なるものである。中学校社会科公民的分野の教科書の記述からは、「議院内閣制と権力分立の双方を我が国が採用している」＝「議院内閣制は権力分立（立法権と行政権の分立）の制度である」と生徒が理解する可能性が高く、このことは、政治学が両者の融合を志向する制度と考える傾向にあることからは乖離があると言えよう。

2.2.3　高校教科書の記述：権力分立と抑制・均衡

　同様に、高校社会科「政治・経済」の教科書も見てみる。同じく本章末に掲げた表２−３−１、表２−３−２はその記述内容をまとめたものである。これを確認すると、基本的に中学と同様、議院内閣制と権力分立は別の項目で説明されており、立法と行政については「均衡・抑制」が強調されていると言える。ただし、９冊中４冊において立法・行政の連携・協力関係について言及が為されており[11]、全体として、中学に比して、政治学的な考え方が反映された内容となっていることが分かる。

10　言及があるのは、帝国書院と育鵬社の教科書。

11　言及があるのは、東京書籍（政経311）、実教出版（政経303）、清水書院（政経314）、山川出版社（政経316）の各教科書。

第三節　乖離をもたらす要因

3.1　学習指導要領の内容

　以上のような政治学における考え方と学校教科書における記述の相違はどのような要因によってもたらされたものであろうか。これを考える前に、まずは学校教科書の内容の基礎となっている学習指導要領を確認しておく。

　表2－4は中学校学習指導要領および学習指導要領解説[12]の該当箇所を抜粋したものである。これを見ると、学習指導要領においては、「民主政治の仕組みのあらまし」「議会制民主主義の意義」等に言及が為され、それを踏まえて、学習指導要領解説において、「我が国が議院内閣制を採用していること」「近代国家の多くが権力分立制を取り入れていること」を理解させる、としていることが分かる。これは一応、議院内閣制と権力分立を関連付けた記述と解釈し得るが、そうであったとしても、「議院内閣制＝権力分立」という、政治学的な

表2－4　中学校学習指導要領・学習指導要領解説の内容

> ■中学校学習指導要領　公民的分野
> 2内容　（3）私たちと政治　イ　民主政治と政治参加
> 　地方自治の基本的な考え方について理解させる。その際、地方公共団体の政治の仕組みについて理解させるとともに、住民の権利や義務に関連させて、地方自治の発展に寄与しようとする住民としての自治意識の基礎を育てる。また、国会を中心とする我が国の民主政治の仕組みのあらましや政党の役割を理解させ、議会制民主主義の意義について考えさせるとともに、多数決の原理とその運用の在り方について理解を深めさせる。さらに、国民の権利を守り、社会の秩序を維持するために、法に基づく公正な裁判の保障があることについて理解させるとともに、民主政治の推進と、公正な世論の形成や国民の政治参加との関連について考えさせる。その際、選挙の意義について考えさせる。
>
> ■中学校学習指導要領解説　公民的分野　p.136
> 　すなわち、国会については、主権者である国民の代表者によって構成される国権の最高機関であり、国の唯一の立法機関であることを理解させるとともに、内閣については、国会が国権の最高機関であることと関連させて、我が国が議院内閣制を採用していること、衆議院の総選挙が行われれば必ず内閣は総辞職し、民意を反映した新しい内閣ができる仕組みを取っていることについて理解させることを意味している。その際、近代国家の多くが権力分立制を取り入れていることや、それが、政治権力が特定の者に集中し、乱用されることを防止し、国民の自由や権利を守る上で大切なものであることを理解させることが大切である。

12　学習指導要領の改訂に合わせて、その内容を明確にするために文部科学省が教員向けに作成する
　冊子であり、教科書会社は指導要領本体と併せて、これの内容を、教科書制作の際の参考にすると
　言われる。

第二章　主権者教育と議院内閣制・権力分立

考え方とは相反する方向性を持つものである。これを踏まえると、当然ではあるが、学校教科書の記述は学習指導要領および学習指導要領解説に基本的に基づくものとなっていることが改めて確認できると言える。

　同様に、表2－5は高等学校学習指導要領および学習指導要領解説の該当箇所を示したものである。これによると、学習指導要領においては、「国会、内閣、裁判所などの政治機構を概観させ」、「議会制民主主義……などについて理解させ」ることに言及した上で、学習指導要領解説において、「議会制民主主義、権力分立、議院内閣制」「などの概念やそれらにかかわる政治理論を習得させ」、また、「議会制民主主義が理念的には権力分立制の下、国民代表制と多数決の原理に基づく議会を通じて運営されていることを理解させる。」としている。このような記述より、中学と同様、高校においても教科書の記述は学習指導要領および学習指導要領解説に基づいていることが確認できる。

表2－5　高等学校学習指導要領・学習指導要領解説の内容

■高等学校学習指導要領　公民　政治・経済 2内容　（1）現代の政治　ア民主政治の基本原理と日本国憲法 　日本国憲法における基本的人権の尊重、国民主権、天皇の地位と役割、国会、内閣、裁判所などの政治機構を概観させるとともに、政治と法の意義と機能、基本的人権の保障と法の支配、権利と義務の関係、議会制民主主義、地方自治などについて理解させ、民主政治の本質や現代政治の特質について把握させ、政党政治や選挙などに着目して、望ましい政治の在り方及び主権者としての政治参加の在り方について考察させる。 ■高等学校学習指導要領解説　公民編「第三節 政治・経済」 2「内容とその取扱い」（1）現代の政治 　「議会制民主主義」については、国民主権、議会制民主主義、権力分立、議院内閣制、違憲審査制などの概念やそれらにかかわる政治理論を習得させ、日本国憲法の下でそれらの政治制度や政治機構がどのような理由で設けられたのか、制度や機構の背景にある民主政治の考え方について考察させる。また、議会制民主主義が理念的には権力分立制の下、国民代表制と多数決の原理に基づく議会を通じて運営されていることを理解させる。

3.2　政治学専門家の声の反映について

　政治学的な考え方と学校教科書の記述内容の乖離を生む要因を考えた際、まず想起される仮説は、学校教科書著作者に政治学分野の専門家が十分に加わっておらず、政治学的視点からの見解が反映されていないのではないか、というものであろう。この点を確認するため、中学校社会科公民的分野教科書の著作者を専門分野別にまとめたものが表2－6である[13]。

　専門分野をどのように判断するかは難しいところであるが、ここでは著作者

第三節　乖離をもたらす要因

が大学・研究機関に所属する研究者である場合、その保有学位の区分を専門分野と考え[14]、また著作者が実務家である場合、それを研究者からは独立させてカウントすることとした[15]。

これによると、殆どの教科書で教育学の専門家が最も多く、またそれよりは

表2-6　中学校社会科公民的分野の教科書における著作者の専門分野

教科書会社名・書名	著作者の専門分野ごとの数
東京書籍 『新編 新しい社会 公民』	教育学19、文学13、法学3、政治学2、経済学2、理学3、実務家9
教育出版 『中学社会 公民 ともに生きる』	教育学11、文学1、法学1、政治学1、経済学3、実務家4
清水書院 『中学公民 日本の社会と世界』	教育学1、法学1、政治学1、経済学1、人間環境学1、実務家2
帝国書院 『社会科 中学生の公民 より良い社会をめざして』	教育学4、法学1、政治学1、経済学2、実務家2
日本文教出版 『中学社会 公民的分野』	教育学11、文学20、法学3、政治学4、経済学3、理学2、工学1、体育学1、実務家2
育鵬社 『新編 新しいみんなの公民』	教育学1、文学5、法学4、政治学1、経済学1、社会学1、工学2、農学1、神道学1、実務家7
自由社 『中学社会 新しい公民教科書』	教育学4、実務家4

13　各教科書の奥付に掲載されている著作者を確認し、作成。ただし、出版社によっては、地理・歴史・公民の各分野の教科書制作に携わった全ての著作者名を共通の「著作者」として三分野全ての教科書に掲載しているため（具体的には、東京書籍と日本文教出版でそのような掲載方法を採っている）、その場合、厳密に言えば公民的分野の教科書に直接携わっていない者も含まれることになる。しかし、表2-6では政治学の研究者が教科書制作に関与しているか否かを確認することが目的であるため、そういった場合でもここでの趣旨に影響はないものと考えられる。因みに、教科書会社担当者へのインタビューによれば、三分野共通の著作者名を掲載している理由は、「社会科は極めて複雑で異なる分野同士も何らかの形で関連し合っているものなので、直接の専門分野以外の分野であっても、専門的見地から不適切な点、補うべき点がないか、各著作者にチェックをお願いしているため」とのことであった。

14　著作者は1991年の文部科学省令大学設置基準及び学位規則の改正前に学位を取得した者が多く、基本的にここでの学位区分は改正前のものに従っているが、改正後に学位を取得した者については、例えば教育学であれば教育工学・教育社会学・教育方法論等も含む、といったように、関連分野の学位も含む形でカウントされている。

15　実務家の大半は現役の中学校の教員であり、その他に弁護士・評論家等が若干見られる程度である。

数的には少なくなるが、他分野からも多様な人材が教科書制作に加わっていることが分かる。政治学の専門家も各社において数名ずつ名を連ねており、文学を除けば、経済学・法学・理学・工学等の他分野と比して特にその数が少ない訳ではないと判断できる[16]。

　同じく、高校公民科「政治・経済」の著作者を専門分野別にまとめたものが表2－7である。これを見ると、ここにおいても、政治学・経済学・法学・実務家から比較的バランスよく加わっていると判断できる。内容が政治と経済に限定されている分、政治学者の占める割合は中学に比して高いと言えるが、先に見たような、高校においては立法・行政の連携・協力関係に言及する教科書が中学に比して多いという事実は、このような政治学者の相対的な多さが反映されていると考えることも可能であろう。

　以上より、上記のような政治学と教科書記述の乖離を教科書制作における政治学的視点の欠如に起因するものと考えることは難しいと判断できる。

表2－7　高校公民科「政治・経済」の教科書における著作者の専門分野

教科書会社名・書名	著作者の専門分野ごとの数
東京書籍『政治・経済』（政経311）	政治学2、経済学3、実務家4
実教出版『高校政治・経済』（政経303）	政治学2、経済学5、法学1、実務家7
実教出版『最新政治・経済新訂版』（政経313）	政治学1、経済学5、法学1、実務家4
清水書院『高等学校現代政治・経済新訂版』（政経314）	政治学2、経済学3、法学1、社会政策1、実務家6
清水書院『高等学校新政治・経済新訂版』（政経315）	政治学2、教育学2、実務家4
数研出版『改訂版政治・経済』（政経317）	経済学2、法学2、教育学1、実務家3
第一学習社『高等学校改訂版政治・経済』（政経309）	政治学3、経済学2、教育学3、実務家4
第一学習社『高等学校新政治・経済』（政経310）	政治学3、経済学2、教育学3、実務家4
山川出版社『詳説政治・経済改訂版』（政経316）	政治学1、経済学2、法学1、実務家2

16　文学の学位保有者の大半は歴史学が、理学のそれは地理学が、それぞれ占めている。

3.3 憲法学の考え方：権力分立と抑制・均衡

　そこで考え得るのは第二の仮説である。ここでは、学校教科書における議院内閣制と権力分立に関する記述が、政治学とは別の学問分野の影響をより強く受けているものと考える。政治学の専門家が著作者に加わってはいるが、当該部分に関しては他分野の影響が強いため、結果として政治学的な見方が反映される度合いが減じられていると解釈するのである。政治学以外で議院内閣制と権力分立というテーマを対象にする学問分野と言えば、法学、特に憲法学である。憲法学においては、統治機構に関する項目では基本的な理念として権力分立に言及されるし、そこにおける具体的な統治の在り方の一つとして議院内閣制も必ず触れられる項目の一つである。

　では、憲法学における議院内閣制と権力分立をめぐる一般的な考え方はどのようなものであろうか。表2－8は1990年代以降に刊行された代表的な憲法学の概説書10冊において議院内閣制と権力分立がどのように言及されているかについてまとめたものである[17]。これを見ると、政治学とは多少異なる傾向が読み取れるだろう[18]。政治学では、立法権と行政権の関係性について、概して両者の融合の方向性が前提としてあったのに対し、憲法学では、「一応（芦部）」「穏健な（高橋）」「緩やかな（辻村）」といった接頭語は付くものの、基本的に両者の分立が前提とされていると言える[19]。両者の「協働（阿部）」「連携（佐藤）」といった語も見られるが、その後には「相互抑制」「反発」といった語が対になっており、協力関係というよりは、方向性として、双方の「抑制・均衡」が強調

17　憲法総論・権利の保障・統治機構という全ての分野を含む憲法全体の概説書であり、議院内閣制と権力分立の関係性について言及があるものを選定した。

18　表2－8の芦部（2015）における記述のように、憲法学においては、議院内閣制の要件として、立法・行政の分立と内閣の議会に対する連帯責任を挙げる「責任本質説」と、それに内閣が議会の解散権を持つことを加える「均衡本質説」が存在する。しかし、ここにおける表2－8の役割は、表に挙げられた各著者が学説上、どの立場にあるかを明らかにすることではなく、そのような学説上の対立を含めた議院内閣制と権力分立をめぐる憲法学の一般的な見方を、各著書においてどのように表現しているかを示すことであることに注意されたい。

19　これらの書では大統領制と議院内閣制の比較が行われ、前者に比して、という意味において、「一応」「緩やかな」「穏健な」といった語が使用されている。

20　表2－8の長谷部（2004）における記述のように、憲法学においては、内閣が議会のみに責任を負う「一元的議院内閣制」と、議会と国王の両者に責任を負う「二元的議院内閣制」の二つの類型が存在し、前者の場合は立法・行政の融合を、後者の場合は双方の抑制・均衡を、それぞれ志向する度合いが強いとされる。

第二章　主権者教育と議院内閣制・権力分立

表２－８　憲法学教科書における議院内閣制と権力分立に関する記述

著者・書名	議院内閣制と権力分立に関する記述
芦部信喜　高橋和之補訂 『憲法 第六版』 岩波書店、2015年	議院内閣制の本質的要素を挙げるならば、①議会（立法）と政府（行政）が一応分立していること、②政府が議会（両院制の場合には主として下院）に対して連帯責任を負うこと、の二点であると考えられる。学説では、古典的なイギリス型の権力の均衡の要素を重視して、③内閣が議会の解散権を有すること、という要件を加える説もなお有力である。(p. 331)
阿部照哉 『新憲法教室』 法律文化社、1997年	議院内閣制とは、通常、国民代表である議会と行政府が分立してはいるが、行政府は議会の信任に依拠して存立し、他方行政府は議会の解散権を有することによって、議会と行政府との協働と相互抑制の関係を保障する統治制度を指し……(p. 252)
浦部法穂 『憲法学教室Ⅱ』 日本評論社、1991年	日本国憲法は、立法権と行政権との権力分立をはかりながら、同時に、内閣の成立と存立を国会の意志に委ねる、いわゆる議院内閣制を採用している。(p. 298)
小野山俊昭 『日本国憲法概論』 法律文化社、1998年	日本国憲法においては、権力分立を前提に、国会は立法権、内閣は行政権をそれぞれ独立して担当するが、国会と内閣については、イギリス型の典型的な議院内閣制を採用している。(p. 183)
佐藤幸治 『憲法　第三版』 青林書院、1995年	ここに議院内閣制とは、議会と政府とが分立しつつも、政府は議会の信任に依拠して存在し、他面政府は議会の解散権をもつことにより、制度上議会と政府との間に連携と反発（均衡）の関係を内包せしめている統治体系をいう。(p. 207)
高橋和之 『立憲主義と日本国憲法』 有斐閣、2005年	議院内閣制は穏健な権力分立の体制といわれる。(p. 25)
辻村みよ子 『憲法（第5版）』 日本評論社、2016年	大統領制や、……（立法権と行政権の）緩やかな分離と抑制・均衡関係を基調とするイギリス型の議院内閣制が区別され、日本はそのイギリス型を採用している（p. 340）
長谷部恭男 『憲法（第3版）』 新世社、2004年	議院内閣制の下では、行政権を担う内閣は議会に対して政治責任を負い、かつ議会の少なくとも一院が解散されることが通例である。……議院内閣制の本質に関しては、伝統的に、一元論と二元論とが対立してきた。……一元論者は内閣の議会への従属が、そして、二元論者は行政府と立法府との均衡が、議院内閣制の本質であると主張する。(pp. 371－372)
樋口陽一 『憲法（改訂版）』 創文社、1998年	伝統的に、議院内閣制は、「柔軟な権力分立」の制度として位置づけられることが多かった。君主＝行政権と民選議会＝立法権が、対抗的な正統性原理を背景として二元的に対峙し、その中間に内閣が介在して、君主と議会の双方の信任を在職の要件とすることによって、両者の間の「抑制と均衡」を確保する、という制度がそれである。(pp. 371－372)
向井久了 『やさしい憲法（第4版）』 法学書院、2012年	議院内閣制とは、議会と政府（内閣）の分離を前提に内閣がその存立の基礎を議会の支持の上に置き、議会に対して連帯責任を負うという体制を意味する。(p. 190)

されていると言える[20]。

　政治学の場合と同様、憲法学においても、その見解は一律ではなく、多様な考え方が存在していることは当然である。例えば、高橋和之は、選挙－議会の構成－内閣の成立－首相の選任、という一連の流れを一体として捉えることにより国民が首相・内閣を生み出すという側面を強調した「国民内閣制」論を唱えているが[21]、これは明らかに、立法権・行政権の融合をその前提として考えていると理解できよう。

　一方で、このことを踏まえた上でも、表２－８を政治学概説書の記述をまとめた表２－１と見比べた時、その全体としての相違に留意せざるを得ないことも確かである。憲法学においては、立法権・行政権の分立と抑制・均衡が基本的な見方なのであり、そこには、政治学との間に一定程度の乖離が存在するものと考えられるのである。

　先に見た学校教科書では、殆どにおいて三権分立と議院内閣制を別の項目で記述しており、議院内閣制を立法と行政の融合と捉える見方は少なかったが、これは、上記のような憲法学の考え方と整合的であると理解できる。また、立法と行政の関係性に関する表現として、学校教科書では「抑制・均衡」が頻出していたが、これについてもここに見た憲法学の傾向と合致すると考えられる。表２－７に見た高校教科書における制作者の専門分野では、政治学に比して法学はやや少ない印象があったが、このこともまた、高校においては立法・行政の連携・協力関係に言及する教科書が比較的多かったという事実と整合的と言えよう。

第四節　政治学と憲法学

4.1　法律学の下の政治学

　このような学校教科書の記述における、政治学と比した際の憲法学の優位は、政治学と憲法学の関係性の経緯を確認することで理解できる。我が国では長らく、政治学は、独自のディシプリンとして位置づけを与えられてこなかったと

21　高橋和之『国民内閣制の理念と運用』有斐閣、1994年．参照。
22　加茂利男・大西仁・石田徹・伊藤恭彦『現代政治学 第４版』有斐閣、2012年、p. 10。

言われる[22]。日本の大学では一般的に政治学科は法学部の中に組み込まれていることに見られるように、つまりは、法律学の下位領域として扱われてきた傾向が強いと考えられるのである。

このことは、政治学の内容そのものに起因するものである。かつて政治学は国家の体制について扱う学問であり、それ故に、それらを規定する制度的基礎である法律とは密接不可分の関係であった。この頃の政治学は、法律、とりわけ憲法によって規定された国家の統治機構の枠組みを前提とし、その現実における運用の事実を静的に記述し、解釈することが主な内容であったと言えよう[23]。このような「法律学の下の政治学」の伝統が学校教育の現場にも浸透し、教科書の内容にも反映されたと考えるのは自然なことであろう。

4.2　科学としての政治学

しかし、政治学もその後、変化を遂げ、1950年代以降の行動論革命を経て、新制度論・合理的選択論に代表される、事象の因果関係を実証的経験的に解き明かす「科学」への方向性を明確にしている[24]。これの下で為されるのは、法律学を前提としつつ制度の静態を記述・解釈することよりも、制度とそれの下で行動するアクターとの相互作用の実態を分析・検証することである。

憲法においては、立法・行政・司法は別々の機関に分掌されると規定され、一方で行政を担う内閣は議会の中から生まれると定められているため、我が国は権力分立を基礎とし、統治機構としては議院内閣制を採る、との解釈に至るのは必然である。かつての「法律学の下の政治学」もこのような法学的見解に相違はなかったものと考えられる。

しかしながら、政治学がその関心対象を、静的な制度からそれを前提とした実体的な因果関係に移すにつれて、議院内閣制と権力分立の関係性についても法律学とは異なる見方が一般的となってきたと推測できる。法的には立法と行政が別々の機関に分けられていたとしても、内閣に法案提出権が認められてお

23　建林・曽我・待鳥（2011）、pp. 37−38では、このような法律学の枠組みの中での政治学を「旧制度論」と呼び、制度をめぐる因果関係を分析する「新制度論」と対比している。

24　内田満は「様々な国の憲法をいわば静的に研究することが、実際、これまであまりにも一般的でありすぎた」「政府の真の機構は、実際に活動している政府を検討することによってのみ理解できる」というローウェルの言葉を引き、記述と解釈から分析と検証へ、という政治学の科学化の流れを説明している。内田満『政治過程』三嶺書房、1986年。

り、巨大な官僚機構が政策プロ集団として機能している現実の下では、実態として、立法の具体的作業は内閣が担い、内閣が立法行政を統一的に主導するのが議院内閣制の本質である、との見解が浸透していったのである[25]。

　このような変化が学術領域においては広まったとしても、それが教育分野にまで広がるにはより多くの時間が必要であろう。結果として、学校教科書においては法律学的な考え方が未だ一般的であり、政治学的な考え方は浸透せずにいるものと推論できるのである[26]。その中においても、高校では立法・行政の連携・協力関係に触れる教科書が多く、これが、教科書制作者の専門分野では政治学者の占める割合が比較的高いという点と整合的であることは既述の通りである。

第五節　小　括

　本章では、議院内閣制と権力分立に焦点を当て、それをめぐる学術的見解と学校教科書の記述との関係性について考察を行った。そこからは、政治学的な考え方と学校教科書の記述との間には乖離が存在すること、それは政治学専門家が教科書制作に参画していないことを意味するものではないこと、学校教科書の記述は憲法学の見解に沿ったものとなっていること、等が明らかとなり、

25　政治学と憲法学の間では、議院内閣制において内閣と議会のどちらが優位に立つかについても相違が見られる。政治学においては執政府としての内閣が強いリーダーシップをとり得る環境になると考え、これは表2−1においても、「強い執政部を生み出す（久米・川出・古城・田中・真渕）」「内閣が、国の重要な政策決定の中心的地位を占めるようになり……（田口）」「強いリーダーシップを発揮する首相が現れたとき、国民が求める法律を迅速に制定し、効率的な執政を行うことが可能になる（砂原・稗田・多湖）」等の表現から明らかである。これに対して憲法学では議会優位の考え方が強く、特に「一元的議院内閣制」においては「内閣は議会に従属する1委員会にすぎない（長谷部（2004）、p. 373）」等の表現が見られる。

26　現在の学校教科書の基礎となっている現行の学習指導要領公民的分野の策定に関与した中教審の初等中等教育分科会教育課程部会社会・地理歴史・公民専門部会（2004年10月〜2006年8月）の構成員の専門分野ごとの数を示すと、教育学5、文学3、法学2、経済学1、理学1、実務家9、となり、法学専門家が2名加わっている一方、政治学の専門家が含まれていないことが分かる。ちなみに、2017年3月に公示された新たな学習指導要領公民的分野の策定に関与した中教審教育課程部会社会・地理歴史・公民ワーキンググループ（2015年12月〜2016年8月）の構成員の専門分野ごとの数は、教育学13、文学3、法学1、政治学1、経済学3、実務家16、であり、こちらは政治学と法学から同数が加わっている。

またそこには、政治学と憲法学の関係性に関する歴史的経緯が関係していることが推察された。

　本章冒頭に記した通り、政治の現実を捉え、その実態を科学的裏付けを持った形で明らかにするという現代政治学の目的は、能動的実践的な政治との関わり方を志向する主権者教育と同一の方向性を持つものである。それ故に、最新の政治学的な知識が学校における公民教育に正しく反映されていることは主権者教育を行う上での前提であり、また逆に、主権者教育が益々重要性を増す中において、政治学の側もそれを見据えた不断のブラッシュアップが求められると言える。

　上においては、記述と解釈の学問から分析と実証の学問へ、という政治学の歴史的な経緯に触れたが、これは、知識ベースの公民教育から実践的な主権者教育へ、という学校における政治教育の変遷を思い起こさせるものであろう。静的な事実を把握する学問であった政治学が動的な因果関係を分析する学問に変化したように、学校における政治教育も現在、変わろうとしているのであり、その際に基底的な素養として必要になるのが、政治の動態を理解する現代政治学の知識であると言える。

第五節　小　括

第二章　主権者教育と議院内閣制・権力分立

表2－2　中学校社会科公民的分野の教科書における議院内閣制と権力分立に関する記述

教科書	議院内閣制
東京書籍 『新編 新しい社会　公民』 （公民929）	第3章2節－3 行政の仕組みと内閣
	議院内閣制を採る多くの国では、国民は立法を行う議会の議員を選び、その議会が行政の中心となる首相を選びます。（p. 89）
教育出版 『中学社会　公民　ともに生きる』 （公民930）	第3章1－7 内閣と国会の関係
	私たち国民の意思を代表する国会の信任に基づいて内閣がつくられ、内閣が国会に対して責任を負うしくみを、議院内閣制といいます。（pp. 88－89）
清水書院 『中学公民　日本の社会と世界』 （公民931）	第2章第3節－1 内閣のしごととしくみ
	内閣が国会の信任にもとづいて成立し、国会に対して責任を負うしくみを議院内閣制という。（p. 77）
帝国書院 『社会科　中学生の公民　より良い社会をめざして』 （公民932）	第2部第3章7 内閣の役割としくみ
	内閣（行政府）が国会（立法府）に連帯して責任を負う制度を議院内閣制とよびます。（p. 75）
日本文教出版 『中学社会 公民的分野』 （公民933）	第2編第2章3－3 内閣のしくみと議院内閣制
	内閣が国会の信任に基づいており、国会に対して連帯して責任を負うしくみを議院内閣制といいます。（p. 101）
育鵬社 『新編 新しいみんなの公民』 （公民934）	第3章第3節－1 内閣と議院内閣制
	内閣は国会の信任に基づいて成立し、国会に対して連帯して責任を負います。これを議院内閣制といいます。（p. 100）
自由社 『中学社会 新しい公民教科書』 （公民927）	26 議会制民主主義と権力分立
	わが国における立法と行政との関係には、国会の多数派が内閣を組織し行政権をにぎる議院内閣制という特徴があります。（p. 77）

98

権力分立	両者の関係性
第3章2節－8 三権の抑制と均衡	－
日本は、国の権力を三つに分け、それぞれ独立した機関に担当させる三権分立（権力分立）を採っています。(p.100)	－
第3章2－5 互いに監視し合う三つの権力	－
国の権力は立法、行政、司法の三つに分けられ、それぞれ国会、内閣、裁判所という独立した機関が担当しています。これを三権分立といいます。(p.104)	－
第2章第2節－1 民主政治のしくみ	－
三権分立制とは、国の権力を、法をつくる権力（立法権）、法を執行する権力（行政権）、法にもとづいて争いを解決する権力（司法権）の三つに分け、それぞれを異なる機関に担当させるしくみである。(p.70)	－
第2部第3章11 三権の分立	第2部第3章11 三権の分立
民主政治では一つの機関にすべての権力を集中させず、立法権、行政権、司法権がたがいにおさえ合い（抑制）、権力のバランス（均衡）を保ち、国民主権の原理がうまくはたらくように工夫されています。これを三権分立とよび……（p.84）	議院内閣制では、国会と内閣の結びつきが強いため、たがいに協力して政治を行うことが重視されます。(p.84)
第2編第2章3－8 三権分立と政治参加	－
国の権力は、主に立法、行政、司法の三権に分けられ、それぞれ国会、内閣、裁判所が担当しています（三権分立）。(p.114)	－
第3章第2節－1 三権分立と国会のしくみ	第3章第2節－1 三権分立と国会のしくみ
三つの権力がたがいに抑制し合い、均衡を保つ権力分立（三権分立）の制度をとっています。(p.96)	立法権と行政権は、国会の多数派が内閣を組織する議院内閣制によって協力関係にあります。(p.96)
26 議会制民主主義と権力分立	－
国家の権力を立法権、行政権、司法権の3部門に分かち、この3部門が相互に抑制し合いながら均衡を保つしくみをとっています。このしくみを、権力分立または三権分立と呼びます。(p.77)	－

第二章　主権者教育と議院内閣制・権力分立

表2-3-1　高校社会科公民的分野の教科書における議院内閣制と権力分立に関する記述

教科書	議院内閣制
東京書籍 『政治・経済』 （政経311）	第1章1節-4 自由民主主義体制 このしくみ（議院内閣制）では、国民が国会議員を選挙で選び、議会の全議席の過半数を占める政党または政党集団（与党）が内閣を組織し、政治を担当し、行政に責任を負う。(p. 18)
実教出版 『高校政治・経済』 （政経303）	第1編第1章-3 議院内閣制 議院内閣制は、本来、立法府による行政の民主的コントロールの制度であったが、政党政治が発達するにつれて内閣と与党の一体性が強まった。(p. 15)
実教出版 『最新政治・経済新訂版』 （政経313）	第1編第3章-2 内閣と議院内閣制 内閣は、行政権の行使について、国会に対して連帯して責任を負う（第66条3項）。……このような国会と内閣の関係を議院内閣制という。(p. 34)
清水書院 『高等学校現代政治・経済新訂版』 （政経314）	第1編第1章-5 議院内閣制 議院内閣制は、……内閣が議会の信任にもとづき、内閣が連帯して議会に責任を負う制度である。(p. 21)
清水書院 『高等学校新政治・経済新訂版』 （政経315）	第1編第4章-19 議院内閣制 議院内閣制とは、国会の信任にもとづいて成立した内閣が、行政権の行使について国会に対し連帯して責任を負う仕組みをいう。(p. 42)

権力分立	両者の関係性
第1章1節−1 権力分立	第1章1節−4 自由民主主義体制
重要となるのが、権力分立の原理である。全体としての政府を構成する各部分が相互監視、抑制・均衡し合うようにすることで、権力の暴走を防ぐことができる。(p. 9)	議院内閣制では議会を基盤として政府が生まれるため、立法権と行政権とは密接な関係にある。(p. 18)
第1編第3章−1 三権分立制と議会制民主主義	第1編第1章−3 議院内閣制
権力分立について、日本国憲法は、立法権を国会に（第41条）、行政権を内閣に（第65条）、司法権を裁判所に（第76条）属させる三権分立制を採用している。三権は、相互に抑制均衡の関係にたっている。(p. 54)	議院内閣制は、本来、立法府による行政の民主的コントロールの制度であったが、政党政治が発達するにつれて内閣と与党の一体性が強まった。(p. 15)
第1編第3章−1 国会の地位と役割	―
政治機構のあり方として、憲法は、権力分立制を採用し、立法権を国会に（第41条）、行政権を内閣に（第65条）、司法権を裁判所に（第76条1項）もたせることで、3つの権力を「抑制と均衡」の関係においている（三権分立）。(p. 32)	―
第1編第1章−3 法の支配と立憲主義	第1編第1章−50議院内閣制
政治権力を立法・行政・司法の三権に分立させた。それによって、たがいが抑制・均衡し合うことで権力が他の権力を侵害するのを防ぐことができる。(p. 15)	立法権と行政権とは分立しているが、内閣が法案提出権をもつなど、両者が融合している度合いが高い。(p. 21)
第1編第4章−18 国会と立法過程	―
立法権は国会に、行政権は内閣に、司法権は裁判所に属し、三権のあいだで互いに抑制・均衡をはかりながら、それぞれの機関が独立してその役割を果たす仕組み（三権分立制）を採用している。(p. 40)	―

第二章　主権者教育と議院内閣制・権力分立

表2－3－2　高校社会科公民的分野の教科書における議院内閣制と権力分立に関する記述

教科書	議院内閣制
数研出版 『改訂版政治・経済』 （政経317）	第1編第1章第1節－4　議院内閣制 議院内閣制は、内閣（政府）の存立を議会の信任の下に置く制度で、……議会と内閣の間で、抑制と均衡の関係が保たれるようになっている。（p. 19）
第一学習社 『高等学校改訂版政治・経済』 （政経309）	第1編第1章－3 議院内閣制 議院内閣制は、……行政権を行使する内閣の基盤を、立法機関である議会からの信任に求める政治制度である。（p. 20）
第一学習社 『高等学校新政治・経済』 （政経310）	第1編第1章－4 世界のおもな政治体制 議院内閣制は、議会で選ばれた首相によって内閣が組織され、内閣が議会の信任にもとづいて存立する制度である。（p. 12）
山川出版社 『詳説政治・経済改訂版』 （政経316）	第1部第1章－3 議院内閣制 （議院内閣制）は、民主的な選挙において多数となった勢力が行政権を担う内閣を組織し、この内閣が議会に対して責任を負う仕組みである。（p. 18）

権力分立	両者の関係性
第1編第1章第1節－3　権力分立	—
国家の権力を立法・行政・司法の三つに分け、それぞれを異なる機関で運用させ、相互の抑制と均衡をはかる三権分立制を……（p. 15）	—
第1編第1章－2 社会契約説と権力分立	—
国家権力を立法権・行政権・司法権に分離し、三権をそれぞれ異なる機関で運用させ、権力の抑制と均衡（チェック・アンド・バランス）を図るべきだとする三権分立を……（p. 12）	—
第1編第1章－2 民主主義思想の展開	—
国家権力を立法・行政・司法に分け、権力の抑制と均衡をはかる三権分立論を……（p. 9）	—
第1部第1章－2 権力の分立	第1部第3章－2 議院内閣制
国家権力をいくつかに分けて、それをそれぞれの機関に担当させ、互いに監視することによって権力濫用の抑制をはかり、国家権力が暴走せず国民の基本的人権を侵害しない仕組みが考えられるようになった。これが権力分立制である。（p. 14）	（議院内閣制）は、大統領制とは異なり、行政権を担う内閣の存立が議会の信任に基づくなど、国会と内閣の間には密接な関係が生じる。（p. 58）

第三章　シティズンシップ教育と主権者教育

第一節　シティズンシップ教育と主権者教育の関係性

1.1　シティズンシップ教育と主権者教育、公民教育

　前章までにおいては、第一章で民主主義、第二章で議院内閣制と権力分立、という政治的要素にそれぞれ注目し、学校教科書の内容を踏まえた上で、主権者教育、及び、現代政治学の立場から検討を加えた。序章の図０－１で示した通り、既存の公民教育と主権者教育は全く別の所掌範囲を持つ訳ではなく、お互いに重なり合う部分を有している。この意味で、前二章における考察は、公民教育と主権者教育の関係性を明らかにし、その連携・協働関係を深めるという趣旨に基づいている。

　一方で図０－１は、主権者教育がより広義のシティズンシップ教育に包含される概念であることも示していた。であるならば、主権者教育がシティズンシップ教育の中でどのように位置づけられ、実際にどのように行われているのか、にも当然、関心が向く。図０－１から明らかなように、シティズンシップ教育は既存の公民教育とも共有する部分があるため、その中における主権者教育の位置づけや役割について把握することは、主権者教育と公民教育との関係性をより深く理解し、相互の質的向上を目指すことに資するものと考えられるのである。

　これらを踏まえつつ、本章では、序章で示された第二の問題意識に基づき、具体的な事例を観察しながら、現場においてシティズンシップ教育と主権者教育はどのような関係性を持ち、その中で両者がどのように実施されているのか、について考察する。

1.2　政治的リテラシー・政治参加の意味

　主権者教育の主たる内容は生徒と政治との関わりについてであるが、これを

その目的という点から換言すると、すなわち、生徒の政治的リテラシーの向上、及び、政治参加の促進、を目指しているものと理解できる。「政治的リテラシー」とは何かという点につき、小玉重夫は英国のシティズンシップ教育の内容に触れる中で、「政治的判断力や批判能力[1]」と解し、また川島耕司は「政治に関わり、それを変えていけるような能力、あるいは態度[2]」としている。ここではこれらを踏まえ、「政治を正しく理解し、それに主体的に関与していくために必要な判断力や批判能力」としておく。これに基づくと、主権者教育とは、このような生徒の政治的リテラシーを高め、それによって主体的能動的に政治に参加していくために行われる教育であると改めて確認することができる。

　シティズンシップ教育として行われている実例においても具体的カリキュラムの中には政治的リテラシーの向上とそれによる政治参加の促進を狙いとすると考えられるものが数多く含まれている。つまり、この時、シティズンシップ教育の中において、特に政治的リテラシーと政治参加をその目的とするカリキュラムが主権者教育に該当するものと理解することができる。このことを踏まえ、以下においては、政治的リテラシーの向上とそれによる政治参加の促進を目指すカリキュラムが、シティズンシップ教育の中において、特に主権者教育を具現化するものと考えることとする。

1.3　学校現場におけるシティズンシップ教育

　上記を踏まえ、本章では、シティズンシップ教育の中において、主権者教育は具体的にどのように位置づけられ、学校現場において政治的リテラシー・政治参加に係る教育がどのように行われているか、について明らかにすることを目的とする。また、政治的リテラシーの向上と政治参加の促進という目指すべき目標が明確である場合、それに照らした際の教育の効果という点にも関心が向かわざるを得ない。教育の効果を具体的に測ることは極めて困難であるが、本章ではこの点についても、可能な限りの客観的な検討を行う。

　考察の対象となる事例としては、京都府八幡市、及び、東京都品川区、のそれぞれの公立小中学校で行われている（いた）シティズンシップ教育を採用する。この二つは、シティズンシップ教育を自治体全域の学校において実施する

1　小玉（2016）、p. 168。

2　川島耕司「報告Ⅲ：政治的リテラシーと政治」『国士舘大学政治研究』第6号、2015年、pp. 197－209。

数少ない事例であり、それに関する地域全体としての傾向をつかむことに適しているものと考えられる。

　以下では、第二節においてシティズンシップ教育と主権者教育の関係性について論じ、続いて、第三節において八幡市・品川区のシティズンシップ教育の中身についてそれぞれ記す。これを踏まえて、第四節において両自治体のシティズンシップ教育の効果について、アンケート調査結果を用いながら検討をし、第五節において小括を行う。

第二節　シティズンシップ教育の概念と動向

2.1　シティズンシップと政治の関係性

　まずは、シティズンシップ教育、及び、それが想定する「シティズンシップ」と政治との関係性について押さえておきたい。序章と重複するが、ここで改めて「シティズンシップ教育」の定義を記すと、「社会の構成員としての「市民」が備えるべき「市民性」を育成するために行われる教育であり、集団への所属意識、権利の享受や責任・義務の履行、公的な事柄への関心や関与などを開発し、社会参加に必要な知識、技能、価値観や傾向を習得させる教育」となる[3]。ここで言う「市民性」が「シティズンシップ」に他ならず、これと政治との関係性をつかむことは、すなわち、「シティズンシップ教育」と「主権者教育」の関係性を理解することにつながるものと考えられる。

　ヒーターは「シティズンシップ」に関する議論を、社会が市民に対してその権利を保障することに係る自由主義的シティズンシップ（liberal citizenship）と、市民が社会に対する義務・責任を果たすことに係る市民共和主義的シティズンシップ（civic republic citizenship）の二つの流れに整理している[4]。上記の定義に鑑みると、シティズンシップ教育はこの双方、つまりは、市民における権利と義務・責任のどちらも包含する内容を有するものであると考えられる。

　このうち、権利の側面については、マーシャルの議論が代表例である。マー

3　今野・新井・児島（2003）、pp. 367-368。
4　Derek Heater, *What is Citizenship?*, Polity, 1999（田中俊郎・関根政美訳『市民権とは何か』岩波書店、2012年）。

シャルは「シティズンシップ」を「コミュニティ構成員に付与された地位・身分（status）であり、これを有する者は、その地位・身分に付随する権利・義務において平等である」とした上で、シティズンシップを構成する権利として、人身の自由・思想信条の自由・財産所有の自由等を指す市民的権利、経済福祉と文化的生活の権利等を含む社会的権利、そして、社会の成員として政治に参加する権利を意味する政治的権利、の三つを挙げた[5]。ここでは、ヒーターの「自由主義的シティズンシップ」の一つとして政治に参加する権利が位置づけられているものと理解できる。

　また、義務・責任の側面については、民主主義理論において「能動的な市民」として度々言及される市民像に求められる資質に近いものと考えられる。例えば、ペイトマンは、公的な意思決定過程、つまりは政治に市民が参加することにより、市民は自らの利害のみならず他者の利害も考慮することを学び、人間性や知性を習得できる、と述べている[6]。また、バーバーは、市民が政治に参加することにより対立を協力に置き換え、公共善への関心が生まれるようになると論じている[7]。これらにおいては、政治に参加することにより、他者への配慮や公共への関心が生まれることが強調され、それが、市民に求められる資質（＝シティズンシップ）の一つとして捉えられていることが理解できよう。

　このように見てみると、「シティズンシップ」は権利と義務・責任の双方において政治と深く関わり合っていることが分かる。「シティズンシップ」を育むための教育が「シティズンシップ教育」であり、「シティズンシップ」を構成する中核的なものの一つが政治的要素であるならば、市民と政治との関わりを主たる対象とする「主権者教育」が「シティズンシップ教育」の枢要な部分の一つを占めることは必然である。逆に言えば、政治との関わりを担う「主権者教育」を包含するからこそ、「シティズンシップ教育」は「シティズンシップ」を育む教育たり得ているのであり、ここからは、両者の密接で不可分な関係性が概念的にも理解できると言える。

5　Thomas. H. Marshall and Tom Bottomore, *Citizenship and Social Class,* Pluto Press, 1992, p. 8。

6　Carole Pateman, *Participation and Democratic Theory,* Cambridge University Press, 1970。

7　Benjamin R. Barber, *Strong Democracy: Participatory Politics for a New Age,* University of California Press, 2004。

2.2 各国におけるシティズンシップ教育

このような「シティズンシップ」と政治との関係性を踏まえ、各国において実際に行われているシティズンシップ教育においては、政治的リテラシーの向上・政治参加の促進等、政治との関わりが主たる要素の一つとして掲げられている場合が殆どである。

英国では1997年、ブレア政権の下、「シティズンシップ諮問委員会（Advisory Group on Citizenship）」が設置され、その勧告に基づいて1999年、中等教育における「シティズンシップ」の必修化が決定されたが[8]、この背景としては、若者犯罪の増加・学校の荒廃・政治的無関心と投票率の低下等、1990年代から顕在化し始めた、政治・社会に対する若者の疎外感の増大という問題があった[9]。結果として、実際に行われるシティズンシップ教育においては、「目的」の一つとして「民主主義システムにおける市民の主体的行動について理解すること」「政治的争点に関して批判的に思考し、議論するスキルを身に付けること」等が挙げられ、それに基づいて実施される授業内容には、「市民の役割、民主的政府の発展」「議会の運営、政党の機能」「選挙制度と市民の行動」等が含まれることとなった[10]。

また、米国では1994年に「ナショナルスタンダード：市民科と政治（National Standards for Civics and Government）」が作成され、その中においては、市民としての政府の監視や政治に対する影響力の行使について教える「参加スキル（participatory skills）」や、ある事象について理解した上で、それを論理的に説明し、また客観的に評価するための「知的スキル（intellectual skills）」等が含まれている[11]。これに基づき、各州では独自の教育が行われているが、例えばメイン州では、「投票の必要性」「シティズンシップの権利と責任」「合

8　諮問委員会の議長はバーナード・クリックが務め、委員会が1998年9月に発表した報告書『シティズンシップ教育と学校での民主主義教授（通称「クリック・レポート」）（Citizenship Advisory Group, *Education for citizenship and the teaching of democracy in schools: Final report of the Advisory Group on Citizenship*, 1998. 9. 22）』は英国におけるシティズンシップ教育の基礎となった。

9　Citizenship Advisory Group(1998), pp. 13-21。

10　キーステージ3、4の内容。Department for Education, *Citizenship programmes of study: key stages 3 and 4 National curriculum in England*, 2013. 英国の義務教育は4つのキーステージに区分されており、5〜7歳がキーステージ1、7〜11歳がキーステージ2、11〜14歳がキーステージ3、14〜16歳がキーステージ4となっている。

11　Center for Civic Education, *National Standards for Civics and Government*, 1994。

衆国憲法と独立宣言の精神」について学習過程において扱うことを行政規則に明記した上で、「市民が政府にどのように影響を及ぼすか」「民主制における法律上の権利と市民の義務との関係性」等について教えられている[12]。また、モンタナ州では、高校社会科の中でシティズンシップ教育を扱うことを定めた上で、「政府権力の行使について知り、分析する能力」「市民の権利と義務に対する統治システムの影響力を分析し、評価する能力」等を育むための様々なカリキュラムが実施されている[13]。

2.3　日本における動き

　日本においても2000年代以降、シティズンシップ教育が広まりつつある。政府は2000年代初頭よりキャリア教育を促進しているが[14]、経済産業省はその一環として、2005年に「シティズンシップ教育と経済社会での人々の活躍についての研究会」を設置し、翌年には研究会報告書と共に『シティズンシップ教育宣言』という文書を発表している[15]。この中では、英国・米国をはじめとする海外の動きを踏まえた上で、地域コミュニティの機能不全や若者の政治的無関心の高まりといった、それらの国々でシティズンシップ教育導入の背景となった事象が我が国においても起こっていることを指摘し、グローバル化や情報知識社会化とも相俟って、日本においても教育を通じて「シティズンシップ」を定着させていく時期に来ていることを謳っている[16]。

　政府におけるこのような動きを受け、近年、シティズンシップ教育を実際に

12　奥村牧人「英米のシティズンシップ教育とその課題―政治教育の取り組みを中心に―」国立国会図書館調査及び立法考査局『青少年をめぐる諸問題　総合調査書』、2009年、pp. 26-27。

13　奥村（2009）、p. 28。

14　キャリア教育は「一人一人の社会的・職業的自立に向け、必要な基盤となる能力や態度を育てることを通して、キャリア発達を促す教育（中央教育審議会『今後の学校におけるキャリア教育・職業教育の在り方について（答申）』2011年1月）と定義され、政府「若者自立・挑戦戦略会議」が2003年に発表した「若者自立・挑戦プラン」以降、文部科学省・経済産業省・厚生労働省が連携の上、推進されている。

15　研究会報告書では、シティズンシップ教育に取り組むべき背景、定義、展開戦略等に基づき具体的なプログラム例について提示しており、またそれを受けて宣言では、研究会設置に至った経緯と報告書の内容を踏まえて、シティズンシップ教育の必要性について謳っている。経済産業省『シティズンシップ教育と経済社会での人々の活躍についての研究会 報告書』2006年3月、経済産業省『シティズンシップ教育宣言』2006年5月。

16　経済産業省『シティズンシップ教育宣言』2006年5月。

行う学校や自治体が着実に増加している。水山光春はこれを、既存教科としての「社会科」の中でシティズンシップ教育を教える「社会科的アプローチ」と社会科以外の領域や活動をも含む「学校全体的アプローチ」の二つに分類し、前者として、お茶の水女子大学附属小学校（「市民科」）、埼玉県桶川市立加納中学校（「選択社会」）、琉球大学附属中学校（「選択社会」）、後者として、東京都品川区立の小・中学校（「市民科」）、お茶の水女子大学附属小学校、京都府八幡市立の小・中学校、をそれぞれ挙げている[17]。

　これらのそれぞれにおいて非常に特徴的な取り組みが行われており、その殆どで政治的リテラシーや政治参加が主たるテーマの一つとして取り上げられているが、前節に記した理由から、以下ではこのうち、特に八幡市と品川区のシティズンシップ教育を取り上げ、その内容や効果を見た上で、そこにおいて政治との関わりという主権者教育の要素がどのように扱われているかについて検討を行いたい。

第三節　自治体における実例

3.1　京都府八幡市：「やわた市民の時間」

　八幡市では、2008年度～2010年度に文部科学省研究開発学校制度[18]の指定を受け、そのカリキュラムの一環として、「やわた市民の時間」と称したシティズンシップ教育が行われた。市は子どもに身に付けさせるべき「人間力」を構成するものとして「豊かな市民力」、「しなやかな身体力」、「確かな学力」の三つを挙げ、その中で前二者を育成するための教育として「やわた市民の時間」を位置付けた[19]。「やわた市民の時間」は、「意識（思う）＝社会の中で他者と協働し能動的に関わりを持つために必要な意識」、「知識（わかる）＝公的・共同的、社会的、経済的分野での活動に必要な知識」、「スキル（できる）＝多様な価値観で構成される社会に参加するために必要なスキル」の三つの視点に基

17　水山光春「日本におけるシティズンシップ教育実践の動向と課題」『京都教育大学教育実践研究紀要』第10号、2010年、pp. 23－33.
18　研究開発学校は、学校教育への多様な要請に対応した新たなカリキュラムや指導方法の開発のため、学習指導要領等の国の基準によらない教育課程の編成を認める制度であり、教育委員会・学校法人等の申請書に基づく審査を経て、文部科学省により指定される。

づき、これらの総合的な育成・向上を目指した「コア・プログラム」及び「サ
ブ・プログラム」によって構成された[20]。

　「コア・プログラム」は、「経済・キャリア」、「ルール・マナー」、「民主主義」「ユ
ニバーサルデザイン」の四つの観点に基づき、小学校低学年・中学年・高学年・
中１・中２・中３、という発達段階に応じたプログラムが実施された。「コア・
プログラム」の授業内容、配当時間を記したのが表３－１である。

　四つの観点のうち、政治的リテラシーの向上・政治参加の促進を目的とする
主権者教育につながるものとしては「民主主義」が該当すると考えてよいだろ
う。ここで言う「民主主義」とは、集団の統治・ガバナンス等の政治的側面を
強調したものと言うよりは、「自分が集団の一員であることを認識し、その中
で自分の役割を果たす」といった、より一般的で幅広い内容を包含するものを
指す。例えば、小学校低学年における「よりよい家庭生活」では、子どもたち
が所属する集団の最小単位としての家庭において、親や他の家族から自分に対
してどのような「要求や願い」があり、それを受けてより良い家庭生活をつく
るためにはどうしたらよいか、を考えさせる内容となっている。親に「ただ叱
られている」だけではなく、その背景にある「要求や願い」の中身を知ること
で、他者の意図やそれに対する自分の反応、それらと集団全体との関係性等を
学ぶ機会となるものと考えられる。

　「民主主義」を学習内容と評価観点からもう少し詳しく記したのが表３－２
である。上記のような「集団の中での自分の役割」を中心に据えながら、「家庭」
⇒「クラス」⇒「学校」⇒「地域」といったように、発達段階が進むごとに対

19　八幡市では2005年に「学校ユニバーサルデザイン化構想」を打ち出し、その理念に基づいた「学
　校改革プラン」の下、このような三つの力によって構成される「人間力」を身に付けさせるための
　取り組みを行った。このうち、「豊かな市民力」「しなやかな身体力」をシティズンシップ教育によっ
　て育成しようとしたのに対して、「確かな学力」は「モジュール学習」によって育むものとされた。「モ
　ジュール学習」とは、全ての学びの基盤となる「読み・書き・計算」を10分間のモジュールとして
　毎日行うことによって生徒への確実な定着を目指すもので、国語における音読・暗唱・作文・漢字、
　算数・数学における百マス計算・エレベーター計算、英語における単語・ディクテーション等がそ
　の内容である（八幡市立小学校・中学校『研究開発学校実施報告書（最終年次）』2011年３月）。な
　お、研究開発学校としての上記の取り組みは2010年度で終了し、現在、シティズンシップ教育とし
　ては、各教科や道徳、特別活動、総合的な学習等で、研究開発学校時に作成した教材を用いて、各
　校において実施するに留まっている。
20　八幡市立小学校・中学校『研究開発学校実施報告書（最終年次）』。以下、「やわた市民の時間」
　の内容に関する記述は全て本報告書による。

象としての集団を大きくしていき、順を追ってより多様で複雑な環境の中でそれを考えられるように工夫が為されていることが分かる。また評価観点については、「意識」、「知識」、「スキル」という「やわた市民の時間」の基本的視点に基づきながら、「まず概念や考え方について知り、それについての理解を深めながら、具体的行動に移す」という、市民としての知的活動の基礎の習得を目指していることが見て取れる。いずれの授業でも、教員による一方的な知識

表3-1 「やわた市民の時間」コア・プログラム

観点	発達段階	プログラム	発達段階	プログラム
経済・キャリア	小学校低学年	「お金はたいせつだね」（2）／「お金と仕事の関係について知ろう」（2）	中学校1年	「お金と自分の関係（経済）」（2）／「自分を知ろう！（キャリア）」（2）
	小学校中学年	「ものの値段について考えよう」（2）／「校区に出店しよう」（2）	中学校2年	「中学生はもう大人？まだ子ども？(経済)」(1)／「自分の適性を知ろう！（キャリア）」（1）
	小学校高学年	「かしこい消費者になろう」（2）／「税金の使われ方」（2）	中学校3年	「自分と税金の関係（経済）」（1）／「自分の人生設計！（キャリア）」（1）
ルール・マナー	小学校低学年	「家と学校の違い」（2）	中学校1年	「生徒の心得はなぜ必要か（2）？」
	小学校中学年	「みんなで行動するために」（2）	中学校2年	「地域の人々とともに」（2）
	小学校高学年	「ルールと責任・役割」（2）	中学校3年	「市長になったら！」（2）
民主主義	小学校低学年	「よりよい家庭生活」（2）	中学校1年	「クラスづくり」（3）
	小学校中学年	「よりよい学校・学級生活」（2＋2）	中学校2年	「徹底検証：自分の学校」（2）
	小学校高学年	「身近な権利と義務」（2＋2）	中学校3年	「理想の八幡市」（2）
ユニバーサルデザイン	小学校低学年	「よりよい家庭生活」（2）	中学校1年	「クラスづくり」（3）
	小学校中学年	「よりよい学校・学級生活」（2＋2）	中学校2年	「徹底検証：自分の学校」（2）
	小学校高学年	「身近な権利と義務」（2＋2）	中学校3年	「理想の八幡市」（2）

※括弧内の数字は配当時間

第三章　シティズンシップ教育と主権者教育

表3-2　「民主主義」のテーマ・学習内容・評価観点

発達段階		小学校低学年	小学校中学年	小学校高学年	中学校1年	中学校2年	中学校3年
テーマ		よりよい家庭生活	よりよい学校・学級生活	身近な権利と義務	クラスづくり	徹底検証：自分の学校	理想の八幡市
学習内容		家族の色々な「要求や願い」を調べる学習	クラス一致した取り組みを決めていく学習	権利と義務を一体的に理解し実践していく学習	「理想のクラス」について考える学習	自校の現状分析を行い、それを基に提言をまとめる学習	「明日の八幡市」を考える学習
評価観点	意識	家庭生活の中で家族の「要求や願い」について考えようとする	みんなにとってより良い学級生活を送るための方策を考えようとする	より良い地域生活や学校生活を送るための方策を考えようとする	思いやりの心やリーダーとしての自覚など集団の中での個人の役割を考えようとする	愛校心を育むとともに、自分たちで学校をより良くしようと学校運営に参画しようとする	地域を愛する心を持ち、市民として積極的に関わっていこうとする
	知識	家庭内では色々な「要求や願い」があることやその必要性について理解する	みんなが気持ちの良い学級生活を送るには色々な方策があり時には「競合・対立」することがあることを理解する	ゴミ収集サービスでの税金の使い方等を例に、権利と義務について一体的に理解する	個々の役割と義務を考え、よりよいクラスとするために公正・公平について理解する	学校の現状と問題点を認識する中で地域の中の学校であることを理解する	民主主義は一人ひとりの集団への参加と手続き方法の公開によってより良い集団がつくられることを理解する
	スキル	家庭内で色々な「要求や願い」について話し合い、自分の考えや感想を発表することができる	話し合い等を通しクラス全員で方策を決め実践したり、見直したり改善したりできる	話し合い等を通しみんなの意見を調整しながら各活動を継続して行い、見直したり改善したりできる	自己の意見を相手に伝えることや他人の意見をきちんと聞くことができる	現状の分析を行い改善すべき点を見つけることができる	より良き地域社会の実現のために市民として行動できる

　の教授ではなく、グループに分かれてのディスカッションやそこで出た意見をまとめた上でのプレゼンテーション等、「集団の中で意見を言い、相手と議論し、一定の結論を導き、それを外に向けて発信する」という、生徒の主体的能動的活動に重きが置かれている。

　「サブ・プログラム」の内容を記したのが表3-3である。「コア・プログラム」が教室の中でのクラス単位のカリキュラムが主であったのに対し、「サブ・

第三節　自治体における実例

表3－3　「サブ・プログラム」の内容

月	小学校	中学校
4	「学級開き」「オリエンテーション」	「学級開き」「オリエンテーション」
5	「校外学習1、林間学習、修学旅行に向けた取組」	「人権学習1」「修学旅行に向けた取組」
6	「人権学習1」	「生徒総会」
7		「ボランティア活動」
9	「運動会に向けた取組」	「体育大会」
10	「校外学習2に向けた取組」	「文化発表会」
11	「学習発表会に向けた取組」	「職場体験学習」「生徒会選挙」
12	「マラソン大会」「人権学習2」	「人権学習2」
1	「命とからだの学習」	「進路学習」
2	「卒業生を送る会に向けての取組」	
3	「1年のまとめ」	「1年のまとめ」

プログラム」は教室の外において他クラス・他学年や地域の住民との関わりを
も含む、イベント性の強いものとなっていることが分かる。中でも中学校11月
の「生徒会選挙」は、政治的リテラシーの向上や政治参加の促進を目的とする
教育の中核を為すものとして重要であり、八幡市の場合、これが正規教科と結
び付けた形で実施されている点で特徴的である。すなわち、社会科公民的分野
の授業において「民主政治と選挙のしくみ」、「国民と政治をつなぐ政党」の単
元を行い、政治と国民の関係性や選挙の意味等を学んだ後に「生徒会選挙」が
行われるように時期的な工夫が為されているのである[21]。「生徒会選挙」の際
は社会科において学習した事柄を反復し、目の前の選挙に重ね合わせることで
自分の投票行動を決めるよう指導がされており、座学と主体的活動に関連性を
持たせつつ、「社会の中での自分の役割」ひいては「政治の意味」を考える上
で効果的な取り組みと理解できる。

3.2　東京都品川区：「市民科」
　品川区では、小学校と中学校の教員間に存在する指導観・教育観の違いを克

21　八幡市教育委員会『やわた版シティズンシップ教育資料集』2010年、p. 61。生徒会選挙のねら
　いとして、選挙活動を通して政治経済に関する仕組みやルールを知り、国民の権利や義務について
　理解すること、が明記されている。

第三章　シティズンシップ教育と主権者教育

服し、互いの良さを活かすための試みの一つとして、小・中9年間を通して人間形成上の連続性を担保しながら体系的・系統的な教育活動を行う、小中一貫教育を実施しているが[22]、その軸の一つになっているのが2006年に創設された「市民科」である。「市民科」は社会の中で自己を自覚し、その一員としての役割を遂行できることを「市民性」と捉えて、その育成を目指した品川区独自の特別教科であり[23]、このような目的と役割を見ると、これが本章で言う「シティズンシップ教育」に該当することは明らかである。

　「市民科」は、それまで別々に行われてきた「道徳」、「特別活動」、「総合的な学習の時間」の本来のねらいや内容を関連付け、「人間形成」を目的に単元として再構成したもので、品川区小中一貫教育の中で、発達段階ごとに「1・2年生」、「3・4年生」、「5・6・7年生」、「8・9年生」の四つに分けたカリキュラムで構成されている[24]。標準授業時数は、1～4年生が年間85時間（平均週2時間）、5～9年生は105時間（平均週3時間）であり、①個にかかわる「自己管理」、②個と集団・社会をつなぐ「人間関係形成」、「自治的活動」、③社会に関わる「文化創造」、「将来設計」、の3段階5領域を設定した上で、「責任遂行能力」、「コミュニケーション能力」、「社会的判断・行動能力」などを身に付けさせるための授業が行われている。

　内容としては、1・2年生が、「あいさつの励行」、「部屋の整理・整頓」、「通学路の安全」、「感謝の気持ち」、「将来の自分」等30項目、3・4年生が、「正

22　品川区では、小学校に見られる「賞賛ばかりで、基礎的・基本的な学力の確実な定着をおろそかにする指導」、中学校に見られる「知識重視の画一的学習」、といった教育・指導をめぐる小・中相互の認識の相違を克服し、義務教育9年間を通して子どもに対する責任を果たすため、小・中を合わせた学校改革の取り組みが進められてきた。まずは2000年度に小中連携教育推進校がつくられ、そこでの課題や成果を踏まえた上で、2006年度より本文に記述の小中一貫教育が開始された（品川区HP「小中一貫教育」〈http://www.city.shinagawa.tokyo.jp/PC/kukyoi/kukyoi-sesaku/kukyoi-sesaku-plan21/kukyoi-sesaku-plan21-zissai/kukyoi-sesaku-plan21-zissai-arikatakaikaku/index.html〉（最終閲覧日：2019年2月20日）。

23　品川区HP「新しい学習「市民科」」〈http://www.city.shinagawa.tokyo.jp/PC/kukyoi/kukyoi-sesaku/kukyoi-sesaku-plan21/kukyoi-sesaku-plan21-zissai/kukyoi-sesaku-plan21-zissai-kyoiku/hpg000032855.html〉（最終閲覧日：2019年2月20日）。以下、「市民科」の概要に関する記述は全て本HPによる。

24　品川区小中一貫教育では、小1から中3の9学年を1～9年生と呼び、主に1～4年生で基礎・基本の定着を、5～7年生で基礎・基本の徹底を、8・9年生で生徒の個性・能力を伸ばす教育に重点を置くこととされている。

　　　　　　　　　　　　　　　　　　　第三節　自治体における実例

しい行動」、「思いやりの心」、「心を伝えるマナー」、「食事の作法」、「お金はど
こからくるの」等41項目、5・6・7年生が、「人権問題」、「きまりの意味」、「相
手をみとめることの大切さ」、「あなたが暮らす日本」、「ボランティア体験」等
56項目、8・9年生が、「社会マナーとルール」、「福祉への取り組み」、「社会
における正義」、「地域社会への貢献」、「進路選択」等32項目、である。

　表3－4、表3－5はそれぞれ「5・6・7年生」、「8・9年生」の「市民
科」テーマ一覧である[25]。政治的リテラシー・政治参加という観点で見てみる
と、「5・6・7年生」では、「⑥⑦情報についての正しい理解」、「⑰賛成・反
対の立場をはっきりさせよう」、「⑲説得力を身につけよう」等において、正し
い情報に基づきながら自らの意見をまとめた上で、それを他者に発信する力を
身に付けさせ、「㉒みんなでつくろう学級会」、「㉓㉔㉕学校における自治的活
動」、「㉖地域における自治的活動」等において、それを身近な集団の中で実践
する能力を育む授業が為されているものと理解できる。またそれを踏まえて、
「㉞実社会での法やきまり」、「㉟現代社会の問題」等で社会とのつながりを意
識させることも為されている。

　「8・9年生」では、より「社会の中でどのように市民として行動するか」
といった側面が強調されるようになっており、「②社会の現象と自分のかかわ
り」、「⑤集団の一員として」、「⑩リーダーシップ」等において、社会と自分と
の関係性やそこにおける自らの役割について踏まえた上で、「⑫地方自治への
施策提案」、「㉖社会の一員としての活動」等において、身近な政治行政を知り、
それに対して主体的に関与していく姿勢を身に付けるための取り組みが為され
ていると理解できる。

　この中で、特に政治行政との直接的な関わりをテーマとしている「⑫地方自
治への施策提案」、「㉖社会の一員としての活動」の内容をそれぞれ記したのが
表3－6、表3－7である[26]。前者においては、生徒が暮らす地域における行
政の施策について、まずそれを理解し、その上で、より良いまちづくりの実現
のために具体的な提言をさせる内容となっている。これにより、地域の課題を
生徒たちが自ら考え、足りないと考える点について行政に対して積極的に関与
していく姿勢を涵養するねらいがあるものと考えられる。同様に、後者におい

───────────────────
25　品川区教育委員会『市民科』教科書（5・6・7年生）、（8・9年生）目次より。
26　品川区教育委員会『市民科』教科書（8・9年生）p.24（表3－6）、54（表3－7）。

第三章　シティズンシップ教育と主権者教育

表3-4　「市民科」（5・6・7年生）テーマ一覧

①正しい判断力を身につけよう	②自分の生活を見つめよう	③ストレス・なやみの解消方法	④行動についての善悪の判断
⑤場に応じた行動の仕方	⑥情報についての正しい理解（1）	⑦情報についての正しい理解（2）	⑧社会・生活環境への関心
⑨人権問題について考えよう	⑩市民としての義務と責任	⑪きまりの意味	⑫自分の考えや気持ちを上手に伝えよう
⑬問題を解決するために	⑭信頼関係づくり	⑮障害のある方やお年寄りと接する	⑯福祉について
⑰賛成・反対の立場をはっきりさせよう	⑱情報を正しく伝える	⑲説得力を身につけよう	⑳効果的に話す技術
㉑さまざまな話し合い方	㉒みんなでつくろう学級会	㉓学校における自治的活動～児童会活動～	㉔学校における自治的活動～クラブ活動～
㉕学校における自治的活動～生徒会活動～	㉖地域における自治的活動	㉗節度ある行動	㉘相手を認めることの大切さ
㉙正しい行動をする意志と勇気	㉚正しい人権感覚	㉛自分の行動	㉜差別や偏見をなくそう
㉝公正・公平な態度	㉞実社会での法やきまり	㉟現代社会の問題	㊱自分たちの学校
㊲あなたが暮らす日本	㊳地域と連帯した活動計画づくり	㊴文化祭などの具体的な活動計画	㊵楽しい集会の計画を立てよう
㊶発表会を開こう	㊷インターネットの活用	㊸プレゼンテーション力をつける	㊹生き方～夢に向かって～
㊺偉大な先輩から学ぶ	㊻生きていくための道しるべ～論語から学ぶ	㊼生き方の手本となる人物を見つける	㊽一人の力が大きな力に
㊾ボランティア活動の体験をしよう	㊿集団における役割と責任	51現在の消費における問題	52仕事って何？働くってどういうこと？
53仕事を成功させるために必要な力	54その道の達人に学ぶ（1）	55職場訪問をしてみよう	56その道の達人に学ぶ（2）

118

第三節　自治体における実例

表3－5　「市民科」（8・9年生）テーマ一覧

①自分の生活における課題	②社会の現象と自分のかかわり	③人権についての理解	④社会マナーとルール
⑤集団の一員として	⑥信頼し合うということ	⑦福祉への取り組み	⑧互いを尊重した対応
⑨主張する技術	⑩リーダーシップ	⑪自治組織	⑫地方自治への施策提案
⑬社会における正義	⑭法やきまりの価値	⑮日本社会の動向への関心	⑯積極的なボランティア・地域活動
⑰異文化理解と尊重	⑱わたしたちのまちの伝統と文化	⑲家庭における伝統文化	⑳企画力と実行力
㉑学校をアピールする	㉒日本文化を守る	㉓自己実現のために	㉔人生を振り返る
㉕地域社会への貢献	㉖社会の一員としての活動	㉗職場体験（1）	㉘職場体験（2）
㉙経済と雇用の関係	㉚社会が求める資質と能力	㉛進路選択	㉜進路計画

表3－6　「地方自治への施策提案」内容

	教科書の記述	生徒に求められるもの
ステップ1	わたしたちの品川区は様々な施策を行っています。あなたは次のようなお知らせを見たことがありますか。	「広報しながわ」等、品川区の施策が書かれた広報物を読む。
ステップ2	自分たちが社会をつくっていくという意識を持つことが大切である。	広報物を通して、品川区の施策と自分の生活との関係性を考える。
ステップ3	私たちの品川区の施策を知るために、次のテーマについて調べてみましょう。テーマ：「わたしたちの品川区は、どのような特色を持つまちづくりを行っているのだろうか」	品川区の条例から、品川区が目指しているまちづくりについて考察する。また、グループ内で分担し、福祉・環境・保健・産業・教育などの分野別に、品川区の課題を見つけ、良いまちづくりを実現するための自分たちの提言をまとめる。
ステップ4	品川区の施策について詳しく知るためには、どのような方法が考えられるでしょうか。	①品川区の広報を読み、②品川区にどのような公共施設があるかを調べ、実際に利用した上で、③その他にどのような方法があるか考える。
ステップ5	品川区の施策について具体的に理解できましたか。	品川区が取り組んでいる施策が、私たちの生活にどのように役立っているかについて知り、より良いまちづくりを実現するための自分の意見を持つ。

第三章　シティズンシップ教育と主権者教育

表3－7　「社会の一員としての活動」内容

	教科書の記述	生徒に求められるもの
ステップ1	皆さんは、品川区の「品川区議会だより」を読んだことがありますか。	「品川区議会だより」を読む。
ステップ2	自分が暮らす地域や自治について知ることは、社会への関わりの第一歩である。	「品川区議会だより」を通して、地域と自分との関係性を考える。
ステップ3	品川区の議会に関する学習を通して、地方自治と社会貢献について考えてみましょう	品川区議会に見られる地方自治の役割と仕組みについて調べ、調べたことを発表する。地域が関わる課題についてクラスで討論する。
ステップ4	地方自治の取り組みについて関心を持っていきましょう	地域への貢献を果たすためには社会とどのように関わればよいか、具体的に考える。
ステップ5	地方自治の役割と取り組みについて理解し、関心を持つことができましたか。	自分が関われることに積極的に取り組み、社会貢献の意識を持つ。

ては、地域の議会における議論を知り、それを踏まえて地方自治や地域課題について考えることで、いかに社会と関わり、いかに地域に貢献できるか、を生徒が考えるための機会をつくり出しているものと理解できる。

3.3　両自治体の特徴

　これまで、八幡市の「やわた市民の時間」、品川区の「市民科」、それぞれの概要を見てきた。両者は、表現の違いこそあれ、シティズンシップ教育が本来目指す「市民性」を生徒に身に付けさせ、社会において責任ある行動をとれるような素養を育むという意味で、共通の目的を持っていたと言ってよい。

　一方で、政治的リテラシー・政治参加といった主権者教育の観点からそれらを捉えた時、それぞれに特徴的な点も見られる。例えば、八幡市については、「サブ・プログラム」の内容に見られるように、学内行事を活用し、それをシティズンシップ教育とうまく関連付けることによって、座学だけではない、生徒が自ら行動するという実践性をもたらしていた。中学校の社会科公民的分野で学習した内容と「生徒会選挙」を連結して学ばせていることが典型例である。これに対して、品川区では、より直接的に区の行政の施策や区議会での議論を授業の素材とし、それに関するディスカッションや提言を求めることで、生徒の具体的行動につなげていた。実践的な授業を目指す際にも、学内行事との関連

付けか、学外素材の活用か、といったアプローチの相違が見られ、興味深い。

　また、全体としての枠組みにおけるシティズンシップ教育の位置づけという点についても、両自治体においては若干の違いが見られた。八幡市のシティズンシップ教育は、国の学習指導要領によらない自治体独自の教育課程編成を可能とする、文部科学省「研究開発学校」制度の枠内における取り組みであり、「やわた市民の時間」の四つの観点の一つとして「民主主義」という政治的性格の強いテーマが加えられたことは、独自性の発揮を可能とさせるこの制度の下での取り組みであったことが少なからず関係しているものと考えられる。一方で品川区の「市民科」は、区内における小学校・中学校の連続性に重きを置いた小中一貫教育の試みの一つであり、小中学生を1～9年生と連続した学年で捉えた上で小中にまたがる共通の教科書を使用するなど、9年間を通した体系的・系統的なシティズンシップ教育の実施が進められていた。これらは、自治体としての教育に関する大方針や目指すべき方向性、及び、そこにおける各カリキュラムの位置づけによってシティズンシップ教育の在り方も変わってくることを改めて示していると言えよう。

第四節　シティズンシップ教育・主権者教育の効果

4.1　教育の効果とアンケート調査

　シティズンシップ教育は政治的リテラシーの向上・政治参加の促進といった主権者教育の観点から見た時、具体的にどのような効果をもたらすのであろうか。教育の効果を客観的指標によって計るのは容易ではないが、ここでは、前節に見た八幡市・品川区を対象とし、両自治体において行われたアンケート調査を考察することで、限定的ながら、シティズンシップ教育・主権者教育がもたらした効果についての推論を行いたい。八幡市はシティズンシップ教育としての「やわた市民の時間」とモジュール学習を取り入れた「総合基礎科」から成る「研究開発学校」の取り組み全体に対するアンケート、品川区は区内の全小中学生に対して行われている生活全般に関するアンケート、というように両自治体において性格の違いはあるが、シティズンシップ教育に関する調査項目が含まれている点では同様であり、それの効果を計りつつ両者の比較を行う上で有用であると考えられる。

4.2 八幡市のアンケート

八幡市では、生徒に対してシティズンシップ教育を受ける前と後にそれぞれアンケート調査を行っており、これを見ることで、授業を受けて生徒の意識がどのように変化したか知ることが可能である。しかしながら、アンケートには、本章で本来確認したいテーマである政治的リテラシー・政治参加に関する質問はなく、生徒自身の意識や行動に関するものが大半であるため、ここでは、それに関連しそうな項目についての結果を踏まえ、政治的リテラシー・政治参加についての生徒の変化を類推するに留めることとする。

図3－1、図3－2は、それぞれ、八幡市の小学生、中学生に対する授業の前と後でのアンケート回答結果をまとめたものである[27]。小学生の回答結果を示した図3－1を見ると、「自分の発言や行動について責任をもって取り組むことができた」については、授業後に「そう思う」、「すこし思う」の割合が若

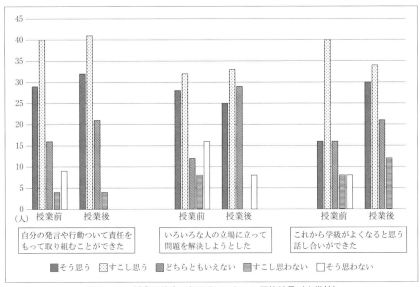

図3－1　授業の前後におけるアンケート回答結果（小学校）

27　両図とも八幡市立小学校・中学校『研究開発学校実施報告書』pp. 51－53を基に筆者作成。図3－1は、2010年の八幡市立八幡小学校6年生（73名）が、図3－2は2010年の八幡市立男山中学校の全学年（377名）が対象であり、両調査とも研究開発学校の実施主体である八幡市立小学校・中学校が実施。

第四節　シティズンシップ教育・主権者教育の効果

干ながら増加しており、「いろいろな人の立場に立って問題を解決しようとした」については、「そう思う」は多少の減少を見せているものの、「そう思わない」、「すこし思わない」が大きく減少している。また、「これから学級がよくなると思う話し合いができた」については、「そう思う」が相当程度増加しているが、「すこし思う」は相応の減少を見せており、「すこし思わない」も一定の増加を見せている。

　図3-2の中学生に関しては、「自分の発言や行動について責任を持とうと思う」について、「そう思う」が若干増加している反面、「少し思う」は減少しており、両者の合計ではあまり変化が見られない。「みんなのことを考えて行動することの大切さが理解できている」については「そう思う」が伸びており、全体として肯定的な意見が増加している。また、「班や学級の話し合いに積極的に参加し意見交流することができる」については、「そう思う」が若干増加する一方で「少し思う」は減少しており、肯定的な意見の合計は殆ど変化がない。

　これらより、全体としてシティズンシップ教育が目指す方向性への変化が得られていると言えるが、「自らの発言・行動への責任」や「多様な意見の尊重」といった、意識や心構えの点では特にその傾向が強いのに対し、「集団を良く

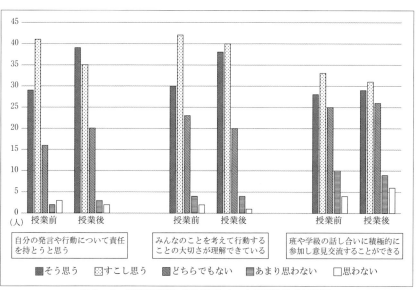

図3-2　授業の前後におけるアンケート回答結果（中学校）

第三章　シティズンシップ教育と主権者教育

するための話し合い」、「議論への積極的な参加」といった、実際の行動を求められる点については、必ずしも望んだ通りの結果には至っていない面も見られる。小学生と中学生では、前者においてより肯定的な意見が多く、後者においては相対的に目指した方向への変化の度合いが小さいことが見て取れる。

4.3　品川区のアンケート

　品川区では、小学３年〜中学３年（３年生〜９年生）に対して授業や家庭生活全般に関するアンケートを行っており、その中で「市民科」の授業についても質問している。八幡市とは異なり、「市民科」の授業を受ける前後での調査ではないため、授業による生徒の変化を知ることはできないが、授業の効果を見る上で一定の有用性はあるものと考えられる。

　図３−３、図３−４、図３−５は2016年度におけるアンケートの回答結果である[28]。「市民科の授業は大切だと思う」については「そう思う」と「どちらかというとそう思う」を合わせた肯定的な回答が全体で86.6%を占めており、大半の生徒が市民科の授業に意義を感じていることが分かる。小学生と中学生では「そう思う」と答えた生徒の割合が相当程度異なっており、小学生の方がより肯定的な意見が多くなっている。

　「人の役に立つ人間になりたいと思いますか」については「そう思う」と「どちらかというとそう思う」を合わせると全体で94%に達し、殆どの生徒がそのように思っていると理解できる。これに対して「リーダーとして周りの人をまとめて引っ張っていける自信がありますか」に対しては、全体では「そう思う」と「どちらかというとそう思う」を合わせても53%に過ぎず、特に中学生に限ると41.7%に留まっている。

　これらより、「市民科」の授業自体に対する意義や、他者や社会に対する貢献への意欲といった「意識」の面においては相当程度高くなっているが、集団を指導する立場に立つ、といった実際の「行動」が求められる面においてはそこまで高い水準には至っておらず、この点において、八幡市のアンケート結果と同様の傾向が見られると言える。

28　品川区『平成28年度児童・生徒アンケートの結果』を基に筆者作成。アンケート実施主体は品川区、対象は品川区立学校に通う小学３年生以上の全児童・生徒（14,200人）。

第四節　シティズンシップ教育・主権者教育の効果

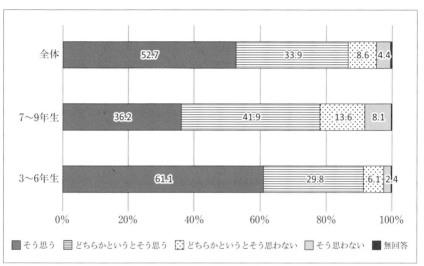

図3-3　回答結果「市民科の授業は大切だと思う」

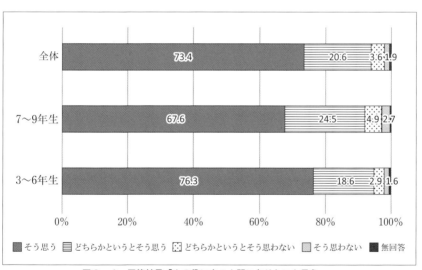

図3-4　回答結果「人の役に立つ人間になりたいと思う」

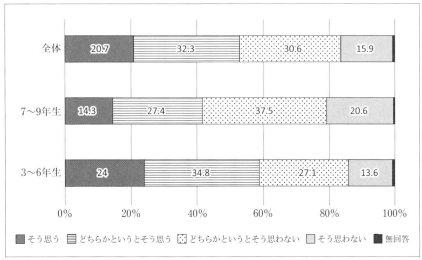

図3−5　回答結果「リーダーとして周りの人をまとめて引っ張っていける自信がある」

4.4　意識・行動と政治的リテラシー・政治参加

　政治的リテラシーと政治参加を人間の意識と行動という観点から考えた時、政治的リテラシーは意識の、政治参加は行動の、それぞれ範疇に入る側面が強いものと考えられる。上記の八幡市・品川区のアンケート結果をこれに当てはめるならば、政治的リテラシー（「自らの発言・行動への責任」、「多様な意見の尊重」、「他者や社会に対する貢献意欲」）については一定の成果が出ているが、政治参加（「集団を良くするための議論を行う」、「リーダーとして集団を指導する立場に立つ」）については未だ相当の向上余地があるものと類推される。やはり、どんな事柄に関しても意識から行動に移すには相応のハードルがあり、生徒にそれを超えさせるには、少なからず工夫が必要であることが、ここからも見て取れる。

　全体として中学生よりも小学生の方が意図した方向性に沿った結果が出ているように見えるが、これは、授業内容や自らが置かれた環境が関係しているものと理解できる。小学生は授業内容も家庭や学級など身近なものが多く、立場としても集団における自らの役割や社会における責任等を差し迫った形で求められる機会もそう多くはないため、ある意味で「気軽に」シティズンシップ教育に臨めているのに対し、中学生になると内容も地域社会や政治行政等、より

社会との関わりが強いテーマが含まれ、立場としても自らの役割や責任をより実際的に感じざるを得ない場面が増えるため、シティズンシップ教育をより「真剣に」捉えねばならない、といった相違の存在が想定される。

主権者教育を構成する政治的リテラシーと政治参加の文脈で言うならば、小学生がそれを、政治とは直接結び付けずに一般的な知識やスキルとして学習しているのに対し、中学生はまさに「政治に関するリテラシー」、「政治に対する主体的参加」として学ばざるを得ないのであり、こうした相違が形の上で明らかになっているのではないかと理解される。

第五節　小　括

本章では、主権者教育とシティズンシップ教育の関係性に注目し、前者の具体的目的を政治的リテラシーの向上と政治参加の促進と捉えた上で、その概念的背景や海外での動向を把握した。またそれを踏まえて、我が国における事例として八幡市・品川区の取り組みを取り上げ、両自治体におけるアンケート調査を用いて、主権者教育の観点から見たその効果について検討した。そこからは、主権者教育は政治的な権利と義務・責任という観点からシティズンシップ教育の不可欠な一部を構成していること、政治的リテラシーの向上と政治参加の促進を目的とする教育にも様々な形があり、自治体における大方針や教育枠組みによって内容や手法に相違が生じること、「意識」と「行動」という観点から見た時、主権者教育の効果は前者においてより顕在化しやすいこと、等が明らかになったと言える。

本章での考察を見る限り、実際に学校現場で行われているシティズンシップ教育の中でも主権者教育は中核的な部分を占め、またそれは、政治的リテラシーと政治参加という側面から見た時にも一定の効果に結びつき得るものであると考えることができる。本章で確認した事例がいずれも学校で実施されているシティズンシップ教育であることを踏まえると、それと既存の公民教育との連携によってその効果を一層高めることも考え得ると想定され、八幡市における生徒会選挙と社会科の政治関連単元とを関連付けての学習などは、その一例として大いに参考になるものであろう。

本章で確認できたように、主権者教育は、それ以外のシティズンシップ教育

第三章　シティズンシップ教育と主権者教育

の内容との密接な相互連関の中でその実際的な機能を果たすものであり、また前章、前々章に見たように、既存の公民教育との緊密な連携の中で一層の有効性を持つものだと言える。それら周辺諸教育との協働関係の中に主権者教育があるのであり、生徒たちの政治的リテラシーの向上・政治参加の促進を真に図るには、政治的事柄に関連するそれら諸教育間の有機的な結合とそれに支えられた体系としての政治教育が必要になってくるものと考えられる。

【補遺】主権者教育が選挙の投票率に及ぼす影響

　シティズンシップ教育を政治的リテラシー・政治参加といった側面から論じる際、やはり、現実政治との関わりという点においてそれがどのような効果をもったか、について関心を持たざるを得ない。市民による政治参加と言った場合、その最も分かりやすい形は選挙における投票であり、「シティズンシップ教育を受けた生徒が選挙においてどれだけ投票したか」は、その効果を計る際、真っ先に想起される問いと言えよう。

　しかしながら、生徒の行動を捉え、それを、科学的裏付けを担保した形で、教育の効果と結びつけることは極めて困難であり、ましてや選挙での投票の場合は、生徒が教育を受けた時点では投票権を持たないため、独立変数と従属変数との間に数年間の時間的なギャップが存在することが大前提となる。よって、以下では、あくまで参考資料として、八幡市と品川区のシティズンシップ教育を受けた世代の選挙での投票率を見ることとし、その際においても、全国平均や同自治体の他世代との比較を用いて、可能な限り客観性確保のための工夫に努めることとする。

　図３－６は国政選挙の年代別投票率と八幡市のそれとの差（八幡市の数字マイナス年国平均）を表したものである[29]。数字が０以上であれば、各年代の八幡市民の投票率が同年代の全国平均よりも高いことを示し、逆に０以下であれば全国平均よりも低いことを示している。また数字を年代別に比較することで、八幡市における特定世代の対全国平均値が、同市の他の世代と比較して高いの

29　八幡市選挙データ、及び、総務省『衆議院議員総選挙年齢別投票率調』『参議院議員通常選挙年齢別投票率調』を基に筆者作成。

【補遺】主権者教育が選挙の投票率に及ぼす影響

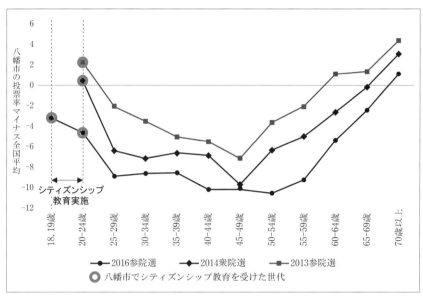

図3－6　国政選挙における年代別投票率の八幡市と全国の差（八幡市の数字－全国平均）

か否かを見ることができる。

　グラフは3回の選挙とも両端が高く真ん中が低いU字型をしており、八幡市においては若い世代と高齢世代が、他世代に比して、対全国平均値が高くなっていることが分かる。また65歳以上世代と並んで20代前半世代は、2014衆院選・2013参院選で全国平均よりも高い投票率となっており、若い世代の政治参加が比較的堅調な自治体であると言える。八幡市では2008年〜2010年に「やわた市民の時間」が行われており、この時授業を受けていた世代を含む世代は図にドーナツ型の印を付してあるが、これを見ると、シティズンシップ教育を受けていた世代は、同市の他世代と比しても、また他地域の同年代と比しても、相対的に投票率が高いものと理解できる。

　図3－7は品川区における同様の数字を示したものである[30]。これを見ると、どの選挙のどの世代でも0以上の数字が多く、品川区は全体として比較的投票率が高い自治体であることが分かる。世代間では、特に20代前半以下と30代〜

30　品川区選挙データ、及び、総務省『衆議院議員総選挙年齢別投票率調』『参議院議員通常選挙年齢別投票率調』を基に筆者作成。

第三章　シティズンシップ教育と主権者教育

40代前半で、同区他世代・他地域同世代と比して高い数字を示しており、比較的若い世代で政治参加が堅調であるものと理解できる。2006年から始まった「市民科」の授業を受けた世代は20代前半以下であり、八幡市と同様、ここでも、シティズンシップ教育を受けた世代で相対的に高い投票率を示していることが分かる。

　以上、八幡市・品川区の国政選挙における年代別投票率を見ることにより、両自治体においてシティズンシップ教育を受けた世代は、自治体内の他世代と比しても、また他地域の同世代と比しても、比較的、投票に行く割合が高いことが分かった。しかしながら、既述の通り、以上に見た結果のみによって、シティズンシップ教育と投票率との関係性が認められる訳では全くなく、科学的確証を得た形でそれを判断するには、今後、質的・量的両面からの相当の分析が必要になってこよう。ここに示したのは、シティズンシップ教育を受けた後、数年を経た一時点における単なる「事実」であり、その因果的な背景について明らかにするための膨大な作業のきっかけとして捉えられるべきものと考えられる。

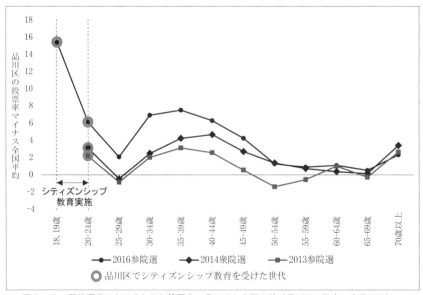

図3－7　国政選挙における年代別投票率の品川区と全国の差（品川区の数字－全国平均）

第四章　学校外における主権者教育

第一節　学校外における主権者教育の役割

1.1　学校と主権者教育

　本章では、学校外における主権者教育の効果的な在り方やそれと学校内の教育との連携関係等、序章で挙げた問題意識の三つ目に係る事柄につき、具体的事例を挙げつつ検討を加える。序章において述べたように、主権者教育が行われる主たる場が学校になるのは当然としても、それの中心的な目的が政治や社会との関わりを生徒に教えることだとすると、その効果をより高めるには、学校外における主権者教育の場を充実させることが必要であると言える。このような考えに基づき、本章では、学校外における主権者教育に求められる要素について検討を加えた上で、それを踏まえた具体的な事例を取り上げ、その特徴や課題について考察を行う。

　以下では、本節の後半において、「学校外における主権者教育」の意味について述べ、その上で、それが求める社会的責任について検討する。これを踏まえて、第二節において具体例として「若者首長」制度を取り上げ、自治体間の比較を通して、その特徴や課題を明らかにする。続く第三節において、もう一つの事例として「若者への予算決定権付与」制度に注目し、「若者首長」制度との比較から、主権者教育上の意義や役割について論ずる。

1.2　「学校外における主権者教育」の意味

　ここでは、本章で対象とする「学校外における主権者教育」に求められる要素について考えてみる。第一に、「学校外」という語について、その意味するところを明らかにしておく。これは、主権者教育が実施される物理的な場所が学校以外の場所であることのみならず、それを主催する主体という意味でも学校以外の機関が中心になっていることを意味する。この点、例えば議会見学や自治体首長・議員との意見交換会等のため生徒が議会や自治体庁舎に赴く場合

でも、それが授業や生徒会活動・クラブ活動等、学校の活動として行われる限りは、ここで言う「学校外における主権者教育」には当たらない。あくまで学校以外の主体が主催する必要があることとする。

また、学校以外の主体が主催するものであっても、学校内の活動に組み込まれている限りは、ここでの「学校外における主権者教育」には該当しないと解する。よって、例えばNPO等、外部の団体が学校に招かれて、正規授業の中で、あるいは文化祭等の行事の一プログラムとして行う主権者教育も、それには当てはまらない。「学校外における主権者教育」の効果や課題を論じるためには、学校での活動と基本的に切り離されている必要があり、そのためには、このような一定程度の定義上の縛りが求められる。

加えて、学校外でしか行えない要素を持つ、すなわち、学校ではできない事柄であることも条件に加えてよいだろう。学校でも実施可能なことであれば、そもそもそれを学校外で行うことの意味は薄れるのであり、やはりそこには、それ特有の体験やそれに基づく効果が付随していなければならない。このため、学校以外の機関が主催し、学校外で行う活動であっても、模擬投票や政策討論等、学校においても十分実施可能であり、実際の実績もあるものについては、本章での考察の対象とはならない。

以上を踏まえると、「学校外における主権者教育」は、「学校以外の機関が主催し、物理的に学校外において実施される、学校では行うことのできない主権者教育」となる。

1.3　社会的責任という視点

学校外でしか行えない要素という意味で特に重要と考えられるのが、生徒への責任付与の視点である。学校という場にいる以上、生徒は「学び、教えられる」側であり、これはすなわち、「教え、指導する」立場である教員の、ある意味で庇護下にあると言うことができる。そこには、生徒の言動に関する一定程度の免責の構造があるのであり、この意味で学校は、「生徒が自ら考え、判断し、その結果を受け入れる」という、社会に出た後は当然求められる基本的な責任に対する意識が育ちにくい環境であると考えられる。第三章で見たヒーターのシティズンシップ論を持ち出すまでもなく、主権者教育、そしてそれを包含するシティズンシップ教育の主たる目的の一つは、生徒の社会的な責任に対する意識を涵養することである。上記のような特性から学校においてそれを育むこ

とが容易ではないのであれば、ここに、「学校外における主権者教育」の役割
があるものと考えられる。

　主権者教育が政治との関わりをテーマとするものであり、そこにおいてここ
で言うような社会的責任を伴う活動を行うとすれば、そこから連想されるのは、
政治、及び、その意思決定内容の具体化プロセスとしての行政、に関して、そ
の一端を未成年である生徒たちが担う、ということであろう。直感的に分かる
ように、上記の「学校外における主権者教育」に該当し、かつ、このような責
任を生徒たちに与えようとする活動はそれほど多くはない。しかし、若干では
あるが存在はするのであり、このような希少性故に、それを考察の対象とする
意義も大きいと考えられる。

　以下では、このような活動のうち、「若者首長」制度、及び「若者への予算
決定権付与」制度を取り上げ、具体的実例の概要を把握した上で、その特徴や
課題につき検討を加えることとする。

第二節　「若者首長」制度

2.1　「若者首長」制度の意義

　「学校外における主権者教育」としてまず取り上げるのは、「若者首長」制度
である。これは、通常の選挙権を持たない若者による疑似的な首長制度であり、
若者の「有権者」から選ばれる「若者首長[1]」が若者目線からの施策を検討し、
かつ、予算の裏付けを伴う形でそれを実行するものである。まさに上記のよう
な責任を若者に与えることで若者に政治との関わり方を教える最高の機会と言
え、また通常であれば取り上げられにくい若者の声を実際の行政施策に反映さ
せられるという意味で、主催する自治体側にも大きな利点がある施策であると
理解できる。

　「若者首長」制度は世界でもまだ実施されている例はそれほど多くないが、
上記のような若者教育上・自治体運営上の意義に鑑みると、今後、相当の広が

　1　「若者首長」については、脚注2に記したような既存事例を紹介する資料はいくつか確認されるが、
　　筆者が知る限り、分析・考察を含む学術研究の対象になったことはこれまでにない。従って、事実
　　を記述した事例紹介以外に本章が依って立つ先行研究も存在せず、本書において一般的な名称とし
　　て用いる「若者首長」という語自体、筆者の造語である。

133

りを見せる可能性を持つものと考えられる。その際のより効率的効果的な実施の在り方を模索する上で、既存の事例について、基本的な考え方や具体的な実施方法等に関する詳細な分析を行うことは相当の意味を持つ。以下では、これらのことを踏まえ、既存の「若者首長」制度の概要を把握し、それらの比較を行いながら、制度間の相違やそれをもたらす要因と背景等について明らかにしていく。

　検討の対象としては、英国ロンドン市・ルイシャム区（Lewisham Borough）の「ヤングメイヤー（Young Mayor）」制度、及び、我が国の山形県遊佐町の「少年町長（＋少年議会）」制度を採用する。双方とも、それぞれの国において、若者への政治教育・若者の政治参加の成功事例として頻繁に取り上げられる事例であり[2]、後述するように、制度開始時期や対象とする若者の年齢層等、基本的な事柄がかなり類似している。基底的な部分において共通項があることは比較の前提として極めて重要であり、この二つの事例は、それをクリアしているものと考えられる。

2.2　「若者首長」制度の定義

　まずは、ここで対象とする「若者首長」制度の定義を行う。若者を政治行政に参加させる試みは既に数多くあり、それらと「若者首長」は何が異なるのかを明確にすることは、考察の大前提として必要である。ここでは、以下のような三つの条件を提示し、それらを全て満たすものを、「若者首長」制度と呼ぶこととしたい。

　①自治体が主催する制度であること

2　ルイシャム区「ヤングメイヤー」については、例えば、英国教育技術省のレポートでも若者の政治参加の代表的事例として取り上げられている。Secretary of State for Education and Skills "Youth Matters", Cm 6629, July 2005.
〈http://webarchive.nationalarchives.gov.uk/20130401151715/https://www.education.gov.uk/publications/eOrderingDownload/Cm6629.pdf〉（最終閲覧日：2019年2月20日）。また遊佐町「少年町長」についても、総合研究開発機構（2016）、西川（2016）等、先進事例として度々紹介が為されている。ただし、これらは制度の内容や運用の状況等について事実を記述した事例紹介に留まるものである。総合研究開発機構『わたしの構想№25 若者の政治参加を促す』総合研究開発機構、2016年、西川明子「子ども・若者の政策形成過程への参画」『レファレンス』№782、2016年、pp. 91−107。

②当該自治体における通常の公職選挙の選挙権年齢に達していないため正規
　の選挙権を持たない者を「有権者」とし、その「有権者」の中から一名の
　「若者首長」を選任するための選挙が行われること
③選任された「若者首長」は、当該自治体において割り当てられた一定予算
　の執行権を有すること

　①は自治体が実施する制度であるという意味であり、これによって、疑似的
とは言え、相当の公的な性格が付されることになる。②は制度の中核部分であ
り、選挙権も被選挙権も、正規の選挙権を持たない若者にのみ与えられること
を意味している。③は制度の実効性を担保するものであり、「若者首長」が、
提言・助言のみならず、正式な行政執行の一部を担う権限と責任を持つことを
表している。
　制度全体の主催や予算執行権等、これらの条件全てを満たすには、自治体側
には若者の政治参加に関する相当の意欲と覚悟が求められるものと考えられ
る。だからこそ、これらをクリアした「若者首長」制度は、先進事例として注
目されるのであり、学術的な分析の意義も大きいと言える。以下ではそのうち、
ロンドン市・ルイシャム区の「ヤングメイヤー」制度、山形県遊佐町の「少年
町長（＋少年議会）」制度を順に取り上げる。

2.3　ロンドン市・ルイシャム区の「ヤングメイヤー」
　「ヤングメイヤー」は英国において２割程度の自治体で導入されている制度
であり、若者の代表者が市長に助言・提言を行うものである[3]。各自治体によっ
て制度の詳細は少しずつ異なるが、中でも成功事例として名高いのが、ロンド
ン市・ルイシャム区のヤングメイヤー制度である[4]。
　ルイシャム区のヤングメイヤー制度は、区当局が区内の若者と行ってきた対

3　英国のヤングメイヤー制度について、British Youth Council, *Involving Young People in Local
Government Decision Making: The Youth Voice Vehicle Self Assessment Report,* British Youth Council,
2012. 参照。
4　ルイシャム区「ヤングメイヤー」制度に関する以下の記述は、Lewisham Council, "The Young
Mayor"〈http://www.lewisham.gov.uk/mayorandcouncil/youngmayor/Pages/default.aspx〉
（最終閲覧日：2019年２月20日）、Lewisham Council, "Young Mayor of Lewisham : 10th Anniversary
Commemorative Book"〈https://www.lewisham.gov.uk/mayorandcouncil/youngmayor/
Documents/YMCommemorativeBook.pdf〉（最終閲覧日：2019年２月20日）等による。

話プログラムを発展させる形で2004年に創設された。ヤングメイヤーは毎年の選挙によって選出され、ルイシャム区に在住・在学・在勤する13〜17歳が被選挙権を、同じく11〜17歳が選挙権を有する。立候補するには、親や所属機関からの同意書の他、50人の有権者の推薦が必要であり[5]、立候補が認められた者は、選挙活動の仕方等について区当局や過去のヤングメイヤーからのアドバイスが得られる。立候補者は独自の選挙ポスターとマニフェストの発表、YouTubeへのメッセージ動画投稿、区内の学校での若者有権者との対話、等の活動を行う。

　投票は主に各学校に設けられた投票所に有権者たちが自主的に投票に行く形で行われ、最も好ましい候補者と二番目に好ましい候補者の名前を書く、優先順位付の連記投票となっている。この投票において最多得票を得た者がヤングメイヤーに、次点の者が副ヤングメイヤーに、それぞれ就任する[6]。図4－1は制度発足後の立候補者数と投票率の推移を示したものであり[7]、立候補者は概ね20〜30人前後、投票率は50％前後で推移していることが見て取れる。

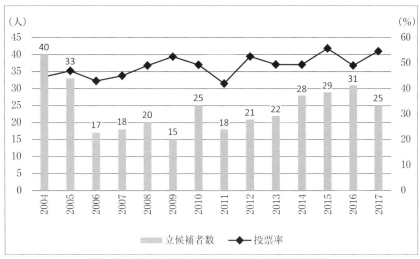

図4－1　ヤングメイヤー選挙の候補者数・投票率の推移

5　これらから成る"candidate pack"を提出することが立候補の条件となっている。
6　立候補者のうち、「最も好ましい候補者」（first preference votes）の得票数の上位二名につき、その票数に「二番目に好ましい候補者」（second preference votes）の得票数を足し合わせた合計票数が多い者が当選者となる。

なお、英国には各地域の若者代表が集まって議会を構成する「ヤング・パーラメント（Young Parliament）」の取り組みも存在するが、ルイシャム区ヤングメイヤー選挙の3位・4位の者は、これのルイシャム区代表となり、ヤング・パーラメント議員として活動を行う。

正・副のヤングメイヤーは、落選した候補者等が務める「若者アドバイザー（Young Advisers）」や、その他100人規模の若者有志から成る「若者協議会（Young Citizens' Panel）」等の意見をききつつ、（本物の）区長に対して、若者に関連する施策についての助言・提言を行う。また、ヤングメイヤーは年間で2万5千〜3万ポンド（約375〜450万円[8]）の予算の執行権が与えられており[9]、更には、区の正規職員2名が秘書となって、その活動をサポートしている。

これまでに実現された施策の一例を挙げると、

・ジム通いの奨励やヘルシー料理教室・料理コンテストの開催等による区内の若者の健康向上施策
・ロールモデルとなる先輩区民がメンターとなって若者のキャリア相談に応じる制度
・若年の表現者（音楽家、画家、作家等）に発表の場を与えるイベントの企画
・体験する機会があまりないマイナースポーツのイベント開催と若者への普及促進

等がある。

若者に対してこの制度がもたらす効果については、残念ながら客観的なデータを入手することはできなかったが、定性的な形でその有効性を示す資料は様々な形で存在し、例えば、Independent Academic Research Studiesのレポートでは、「若者に民主的な政治過程を教え、それに参加させることに関して極めて有用な機会であった」、「若者は制度を通じて、自分たちが何を求め、何ができるのか、について改めて知った」、「若者と政策決定者の対話を通じて、政

7　"Young Mayor of Lewisham election results"〈https://www.lewisham.gov.uk/mayorandcouncil/elections/results/Pages/Young-Mayor-for-Lewisham-Election-Result.aspx〉（最終閲覧日：2019年2月20日）を基に筆者作成。
8　2018年4月時点の為替レート、1ポンド＝150円で換算。
9　制度創設時から2008年までは2万5千ポンド、以降は3万ポンド。

第四章 学校外における主権者教育

治過程に若者の意見が浸透した」、「多様なバックグラウンドを持つ若者同士が
お互いの思いを知る機会を得た」等の効果が指摘されている[10]。

2.4 山形県遊佐町の「少年町長（＋少年議会）」

　山形県遊佐町は、若者の町政参加に実効性を持たせる目的で、「少年町長・
少年議会」という制度を2003年より設けている[11]。これは、中高生の中から少
年町長１名、少年議員10名を選挙によって選出するというものであり、双方と
も町在住の中高生および町に通学する高校生の全てに選挙権・被選挙権が与え
られる。

　立候補者は当選後の抱負を掲げ、各学校への案内配布等を通じて町内の中高
生に周知される。投票は各学校に設置された投票所で行われ、少年町長につい
ては最多得票を得た候補者が、少年議会については得票の多い者から上位10名
が当選者となる。投票は双方とも、最も好ましい候補者１人に投票する単記式
である。

　立候補者が定数を上回り、実際に選挙となったのは、少年町長については、
2003年・2004年・2005年・2010年・2017年の５回であり、少年議会については
2004年の１回である。少年町長について選挙となった５回の立候補者数・有権
者数・投票率は表４－１の通りである[12]。なお、少年町長・少年議会に立候補
し当選が叶わなかった者から少年副町長・少年監査を若干名選任することと

表４－１　遊佐町少年町長選挙の立候補者数・有権者数・投票率

	2003年	2004年	2005年	2010年	2017年
立候補者数	3	2	2	2	2
有権者数	1325	1287	1171	997	738
投票率	59.09%	80.73%	78.47%	88.87%	86.86%

10　このレポートでは、ルイシャム区を含むヤングメイヤー制度全体について、参加した若者の声を
　　基に、その効果・影響について言及している。Independent Academic Research Studies (IARS),
　　The Young Mayors Scheme : An Independent Youth-led Evaluation, IARS, 2011, pp. 10-23.

11　遊佐町の制度に関する以下の記述は、遊佐町「少年議会」〈http://www.town.yuza.yamagata.jp/
　　ou/kyoiku/shakyo/copy_of_work_of_shounengikai_2015.html〉（最終閲覧日：2019年２月22日）、
　　『広報ゆざ』（2003年〜2017年）、担当者へのヒアリング等による。

12　『広報ゆざ』ほか、担当者へのヒアリングにより筆者作成。

13　遊佐町『少年町長・少年議員公選事業実施要項』（2003年〜2017年）より。

第二節 「若者首長」制度

なっており[13]、少年町長選挙の投票が行われた上記の5回については、次点の候補者が少年副町長に、少年議会選挙の投票が行われた上記の1回については、次点の候補者が少年監査に、それぞれ選任されている[14]。

少年町長・少年議会は、町内の中高生を対象に行うアンケート調査を基に政策を立案し、少年町長は、少年議会で承認された政策につき、（本物の）遊佐町長に対して、予算要求を行う。また、少年町長は町から割り当てられた予算の執行権を与えられており、現在は、4月～12月の事業期間において45万円である[15]。

これまでの施策としては、

・町が一つにまとまるようなシンボルが欲しいという町民の声に応え、「米〜ちゃん」という町公認キャラクターを創設
・町の特産品であるパプリカを用いた料理レシピ集の制作、「芋煮コロッケ」等の特産品の開発
・JR東日本への帰宅時間帯の電車増便の要望提出
・娯楽や遊べるところが少ないという中高生の声を受け、町の関連団体が集うミュージックフェスティバルを開催

等がある。町役場では、選挙管理委員会・議会事務局・企画課企画係・教育委員会から成る「少年議会プロジェクト会議」が組織され、各学校を回って立候補者の募集を行う他、活動が始まった後のサポートも行っている。

この制度の効果については、ルイシャム区と同様、定量的なデータを見つけることはできなかったが、その定性的効果については各種資料において言及が為されており、例えば、制度の発案者である時田町長は講演の中で、「若者が遊佐町に関心を持つようになった」、「自信と責任が生まれた」、「地域のリーダーが育ち始めた」等の効果が生まれていることを述べている[16]。

---

14 少年町長、少年議会選挙が無投票であった年は、少年副町長・少年監査は選任されていない。
15 2003年は50万円、2004年は75万円、2005年は50万円、2006年以降は45万円。
16 大田区議会議員北澤潤子ブログ「少年町長 小さい町の大きな挑戦」2016年2月9日〈http://kitazawa.seikatsusha.me/blog/2016/02/09/5468/〉（最終閲覧日：2019年2月22日）より。

第四章　学校外における主権者教育

2.5　「ヤングメイヤー」と「少年町長」の比較

　ここまで、ロンドン市・ルイシャム区の「ヤングメイヤー」と山形県遊佐町の「少年町長（＋少年議会）」について概要を見てきたが、ここで、両者の簡単な比較を行いたい。

　表４－２は「ヤングメイヤー」制度と「少年町長」制度を項目ごとに比較したものである。まず、制度発足年については１年違い、また、選挙権・被選挙権についても同じような年代に与えられており、制度の経過年数や対象に関しては、双方とも、ほぼ同様であると考えることができる。有権者数については、そもそも自治体全体としての人口が相当程度異なり（ルイシャム区：約27万６千人、遊佐町：約１万４千人[17]）、それを反映した相違が出ているのは当

表４－２　「ヤングメイヤー」と「少年町長」の比較

	ルイシャム区「ヤングメイヤー」	遊佐町「少年町長」
制度発足年	2004年	2003年
選挙権	11〜17歳	13〜18歳（中高生）
被選挙権	13〜17歳	13〜18歳（中高生）
選挙活動	マニフェスト提示、メッセージ動画、各学校での対話等	抱負を提示
投票方式	優先順位付連記式	単記式
有権者数	１万５千〜２万人程度	700〜1,000人程度
立候補者数	20〜30名程度	１ないし２人
投票率	50％前後	75〜85％前後（選挙実施時のみ）
執行可能予算（絶対額）	２万５千〜３万ポンド（約375〜450万円）	45万円
執行可能予算（有権者一人当たり）	約1.5〜1.8ポンド（約225〜270円）	約600円
職務を補佐する機関	副ヤングメイヤー（選挙次点の者）	少年副町長・少年監査（選挙で当選が叶わなかった者）
その他の機関	若者アドバイザー、若者協議会（助言・諮問）	少年議会（議案の議決も行う）
自治体当局のサポート	区の正規職員である２名の秘書	「少年議会プロジェクト会議」のサポート

17　双方とも2018年４月時点。

然である。立候補者数は有権者数に従属するものと考えられるが、遊佐町については2003年〜2017年の15年間で立候補者が複数となり投票が行われたのは５回のみであり、そもそも選挙が行われるか否かという実態面において、両制度には大きな相違があると言える。

選挙活動についても、ルイシャム区はオンラインでの発信から直接の対面対話まで、幅広いものとなっているのに対し、遊佐町は候補者の抱負の提示・配布に留まっているが、これも、多数の立候補者による激しい選挙戦を前提としているか否かの違いであると考えることができる。また、投票について、ルイシャム区は有権者の自発的投票に任せられているのに対して、遊佐町では各学校において昼休み等の決められた時間に生徒を集めて投票させる方式であり、そういった方法の差が投票率の数字に表れているものと理解できる。

予算については、有権者数の違い（ルイシャム区：遊佐町＝概ね20：１）から考えると、遊佐町においては相当程度大きな額の執行権が与えられていると言え、有権者１人当たりの予算額はルイシャム区の２倍超となっている。職務補佐機関としては、ルイシャム区の副ヤングメイヤーに対して遊佐町では少年副町長・少年監査が設けられており、また、その他の機関としては、助言・諮問に特化したルイシャム区の若者アドバイザー・若者協議会に対して、遊佐町では政策案件に関する議決権を持つ少年議会を有している。自治体当局のサポートとしては、双方とも、職員による相応の補佐体制がつくられていると言える。

2.6　両制度の相違：選挙と政策立案・実施、リーダーシップをめぐる考え方

このような比較からは、両制度における次のような相違が明らかになると言える。まず、選挙活動に関する考え方は、二つの自治体で特に大きな差が見られる点である。ルイシャム区のヤングメイヤー選挙では、選挙活動のバリエーションが豊富で当局によるサポートも充実しており、この制度において選挙活動自体が若者への主権者教育の中核を成すものの一つとして認識されていることが分かる。立候補者・有権者とも、「自らの主張を明確に述べ、また他者の主張を受け止めながら、議論を通じて一定の結論を導く」ことをこの選挙プロセスを通して学ぶのであり、民主的な社会活動を行う際の基礎を身に付ける上で貴重な機会となっていると考えられる。

一方で遊佐町では、立候補者の選挙活動は、当選後の抱負を書いた案内用紙

第四章　学校外における主権者教育

を各学校の有権者に配布するのみであり、ルイシャム区のようなオンライン活用や有権者との直接対話は見られない。これは、後述の通り、選挙活動というよりは、政策立案・実施に重きが置かれているからであると理解できる。投票の仕方もルイシャム区のように有権者の自発性に任せるものではなく、一定の時間、一定の場所に有権者を集めて投票させる形式であり、若者が「投票すること」自体に対してその必要性や意義等を考える機会という意味では、必ずしも十分ではないものと考えられる。

　当選後の政策立案・実施に関しては、当然、両制度とも充実が図られているが、遊佐町においては、選挙活動との対比という意味で、特にそれに重きが置かれていることが見て取れる。少年町長が執行権限を持つ予算が有権者一人当たり換算でヤングメイヤーのそれを大きく上回っていることは、それを示す一例と言えよう。ただ、やはり絶対額では、ルイシャム区のヤングメイヤーはよりまとまった金額を執行できる環境にあり、様々な健康向上施策や若者キャリア相談等、体系的・包括的な政策実施の実績がそれを示している。一方で遊佐町ではキャラクター考案やレシピ集作成、単発のイベント開催等、少ない金額でできることを効果的に行っていると言える。

　またリーダーシップをめぐる考え方にも違いが見られる。ルイシャム区では、副ヤングメイヤーや若者アドバイザー、若者協議会の存在はあるものの、それらの声を聞きながら、ヤングメイヤーが意思決定を行うというワントップの体制となっている。それに対して遊佐町では、少年町長と同時に少年議会の議員も選ばれ、制度上も、両者が共同して政策立案・意思決定を行うことを前提に、少年議会の議決が得られた議案のみが執行されるという建て付けとなっている。実際の運営においても、少年町長は少年議会の議員と共に協力しながら政策立案を行うのが普通であり[18]、両者はいわば車の両輪として活動を進めていくことが想定されていると言える。

2.7　両制度の特徴：「総合型－特化型」と「ワントップ型－合議型」

　以上より、ルイシャム区の「ヤングメイヤー」と遊佐町の「少年町長」は、一見すると極めて類似した制度のような感を受けるが、その詳細設計や運営の在り方においては、相当程度異なる内実を有していることが分かる。両者に一

18　担当者へのヒアリングによる。

定の型を与えるとすると、「ヤングメイヤー」は選挙活動と政策立案・実施の双方が制度の中核となり、候補者・有権者が共に政治教育の重要な対象とされている「総合型」であるのに対し、「少年町長」はどちらかと言うと政策立案・実施に重点が置かれ、「少年議会」と併せて、当選した者に疑似的な政治行政経験を積ませるという側面の強い「特化型」であると言える。

　このような相違をもたらす要因としては、やはり両自治体の絶対的な規模の違いが大きいものと考えられる。両者には人口で約20倍の開きがあり、それを反映して制度が対象とする有権者数（及び、被選挙権を持つ者の数）にも同程度の差がある。制度の中で選挙活動の占める位置をどの程度にするかは、当然、多数の立候補者が見込めるか否かという要素が決定的に重要となってくる。遊佐町においては、正規の町長選挙においても度々無投票となり[19]、また正規の町議会議員選挙の立候補者が有権者約900人に一人であることを考えると[20]、少年町長の選挙では、最初から無投票を含めた形で、複数の立候補者による選挙戦それ自体の盛り上がりを諦めざるを得なかったものと考えられる。

　またリーダーシップの在り方に関しては、「ヤングメイヤー」が「ワントップ型」であれば、「少年町長」は、「少年議会」との「合議型」と言える。これは、一人の「ヤングメイヤー」を選ぶ制度か、「少年町長」と「少年議会」議員を併せて選ぶ制度か、というもともとの建て付けの違いによるものであるが、その背景には、「一人のリーダーが決めるか、みんなで決めるか」という、政治的意思決定の在り方に関する根本的な考え方の相違があると考えることもできる。

　図４－２は以上をまとめて図示したものである。本節においては二つの事例のみを取り上げたため、２×２のマトリクスにおいては右上と左下のみが埋まっている状態であるが、人口規模や意思決定をめぐる政治文化の相違によって、右下・左上に位置する制度も当然、想定されるものと言えよう。

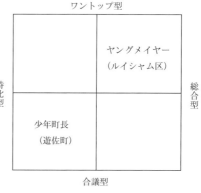

図４－２　各制度の特徴

19　平成に入って以降でも８回の選挙のうち２回が無投票となっている。
20　2015年の町議選では、選挙人名簿登録者数12,713人、立候補者数14人で、約908人に一人が立候補した計算となる。

第三節　「若者への予算決定権付与」制度

3.1　「若者への予算決定権付与」制度の意義

　「学校外における主権者教育」として、ここでもう一つ取り上げるのは、「若者への予算決定権付与」制度である。これは、端的に言えば、自治体がその予算決定権の一部を若者に委ねる制度であり、「若者首長」制度と同様、若者の政治参加の究極的な形の一つとして注目される。主権者教育を現実の政策形成の現場で実践するという意味で、若者に地域や社会との関わり方を教える極めて良い機会と言え、また「若者首長」と同様、普段は行政に届きにくい若者の声を実際の予算過程に反映させられるという意味で、主催する自治体側にも相当のメリットがあるものと理解できる。

　以下では、「若者への予算決定権付与」制度の簡単な定義を行った上で、その具体例として米国ボストン市の「ユース・リード・ザ・チェンジ」を取り上げ、それを前節のルイシャム区「ヤングメイヤー」、及び、遊佐町「少年町長・少年議会」と比較することで、その特徴や課題等について検討していく。これらの制度は、若者に予算決定権を付与するという点では同じだが、その方法は全く異なっており、また主催する自治体の規模もまちまちである。このような違いを持つもの同士を比較することにより、相違をもたらす要因が明らかとなり、それが制度に関するより深い理解につながるものと考えられる。

3.2　「若者への予算決定権付与」制度の定義

　まずは、制度の定義を行う。ここでは、以下のような三つの条件を提示し、それらを全て満たすものを、「若者への予算決定権付与」制度と呼ぶこととしたい。

　①自治体が主催する制度であること
　②当該自治体における通常の公職選挙の選挙権年齢に達していない者を中心とする若者が主たる参加対象者であること
　③自治体の正規予算の一部に関する使途の決定権限が②で示された参加者に与えられていること

①は「若者首長」制度と同様、自治体が実施する制度という意味である。また、②は主な参加者が若者であるということである。「選挙権年齢に達していない」ことは「若者」であることの目安として示されているものであり、その層に限定する趣旨ではない。③は制度の中核を示すものであり、与えられた自治体予算の一部につき、参加者である若者自身がその使途を決定できるということである。

この定義を「若者首長」制度と比較すると、「若者首長」を概念的に包含するのが「若者への予算決定権付与」制度であり、前者であれば必ず後者にも当てはまる、といった関係性であることが分かる。つまり、前節で取り上げたルイシャム区「ヤングメイヤー」も遊佐町「少年町長」もここでの「若者への予算決定権付与」制度に該当するのである。これを踏まえて、以下では、ボストン市「ユース・リード・ザ・チェンジ」について述べた後、「ヤングメイヤー」及び「少年町長」との比較を行い、そこからこの制度の特徴や課題につき考察を深めたい。

3.3 ボストン市「ユース・リード・ザ・チェンジ」[21]

米国・ボストン市は、2014年より、若者を予算策定に参加させる取り組み「ユース・リード・ザ・チェンジ（Youth Lead the Change. 以後、YLC）」を行っている。これは、2013年、オバマ政権の「オープンガバメントについての第二次アクションプラン」の中に各都市・各自治体における住民参加型の予算策定の推進が盛り込まれたことを受け、若者に特化した初の参加型予算プロジェクトとして開始されたものである。

プロジェクトは、市当局、及び、市内の若者支援に関連する団体で構成される運営委員会（Steering Committee）が主催し、12歳〜25歳までの若者を対象としている。まずは市内の各所にて、若者に限らず全ての市民に開かれた「アイデア集会（Idea Assemblies）」が開催され、この場にて、「YLC」の概要説明と周知、政策アイデアの募集が行われる。この後、若者の中で希望する者は「チェンジエージェント（Change Agent）」として登録し、政策分野ごとに分

---

21 ここでの記述は、City of Boston Website「Youth Lead the Change」〈https：//www. boston. gov/departments/youth-engagement-and-employment/youth-lead-change〉（最終閲覧日：2019年2月25日）、Katharine Lusk ed., *Youth Lead the Change: Participatory Budgeting Boston 2016,* Boston University Initiative on Cities, 2016. 等を基にしている。

けられた「チェンジエージェント委員会（Change Agent Committee）」で議論を重ねつつ、「アイデア集会」に寄せられたものの中からアイデアを選定して、政策として肉付けしていく。この過程においては、市当局の予算策定部署、及び、政策分野的に関連する部署の現役職員が適宜アドバイスやフィードバックを提供し、数値的な予算の裏付けを持った具体的政策として洗練化させていく。

　最終的に各「チェンジエージェント委員会」で３〜４程度の政策案が策定され、それらがリスト化された上で、市内の対象年齢内の若者による投票にかけられる。投票は、好ましい政策案を４つまで選択できる形式であり、各学校やコミュニティセンター等で行うことができる。これにより、100万ドルを上限として、そこに達するまでの範囲で、多くの得票を集めた政策案から順に、市の予算が割り当てられる。

　例えば2017年では、「職の探索、履歴書・経歴書の作成補佐等、若者のための就職サポート資源の提供」、「デジタル掲示による求人情報等、若者ホームレス向けの情報提供」、「全ての年代が使用できるアートスタジオの開設」、「学生が通常ならアクセスできないような最先端のテクノロジーを集めた未来型メディアセンターの設置」、「若年起業家向けの商業スペースの提供」といった政策案が予算を獲得した。

3.4　三つの制度の比較・考察

　ここでは、上に見たボストン市「YLC」の概要を踏まえ、前節で扱ったルイシャム区「ヤングメイヤー」、遊佐町の「少年町長」との比較を行うことで、双方の共通点・相違点を明らかにしたい。表４−３は三つの制度を項目ごとに比較したものである。これを概観すると、一口に「若者への予算決定権の付与」と言っても、YLCと「若者首長」の二制度とでは、対象年齢、執行可能予算、施策の検討過程、施策の決定方法等について、相当の相違があることが分かる。概して、「YLC」は、基本的には希望する若者が全て施策の検討と決定に参加可能であり、12〜25歳と比較的広い若者層がオープンに議論を進める「直接民主制的」制度であるのに対して、「ヤングメイヤー」、「少年町長」は、中高生を主体とする「有権者」によって選挙で選任された「首長」が地域の若者の代表として施策を検討・決定するという「間接民主制的」制度であると言える。

　制度を主催する各自治体の人口は、ボストン市が約67万人、ルイシャム区が約30万人、遊佐町が約１万４千人であり、前二者と遊佐町の間には相当の開き

第三節 「若者への予算決定権付与」制度

表4-3 「YLC」と「ヤングメイヤー」「少年町長」のまとめ

	YLC	ヤングメイヤー	少年町長
制度発足年	2014年	2004年	2003年
対象年齢	12～25歳	11～17歳	13～18歳（中高生）
執行可能予算 （対一般会計予算）	100万ドル (0.03%)	2万5千～3万ポンド (0.0001%)	45万円 (0.005%)
施策の検討過程	希望する若者が「チェンジエージェント」となり、分野ごとの委員会で議論	若者による投票で選ばれた「ヤングメイヤー」が副ヤングメイヤー、若者アドバイザーらの意見を基に検討	若者による投票で選ばれた少年町長・少年議員による「全員協議会」「少年議会」等での議論
施策の決定方法	若者による投票	ヤングメイヤーによる決定	若者による投票で選ばれた少年町長・少年議会の決定
自治体当局のサポート	関連部署職員からのアドバイス	区の正規職員である2名の秘書	「少年議会プロジェクト会議」のサポート

があると言える。「直接民主制的」制度と「間接民主制的」制度の関係性で考えると、通常は人口が少ない方が前者、多い方が後者とより結びつき易いと考えられるが、ここでは、ボストン市と遊佐町に関しては、それが逆になっている。この点、両者の相違に決定的な影響を与えているのは自治体規模ではなく、「何を目的とするか」という考え方の違いであると言える。

「YLC」はもともと連邦政府による住民参加型予算の推進を受けて始まったという経緯から、予算策定プロセスのオープン化とそれへの若者の参画が制度の目指すところであった。対象年齢が比較的広く、希望者全てが参加できるというスタイルは、このような制度の基本的方向性が深く関係していると言ってよい。これに対して、遊佐町の「少年町長」は、若者への政治教育と若者の視点の町政への反映がその目的であり、予算の使途となる政策を立案することと同時に、それを行う若者の代表者を選任することそのものも制度の中核の一つなのだと考えられる。それ故に、選挙によって、自らの考えを周囲に伝え、また一方でそれを理解した上で最良のものを選ぶ、という訓練の場を若者に与えることが重視されるのであり、この点で、「YLC」との基本的な制度の相違が出てこざるを得ないと言える。遊佐町「少年町長」のこのような特性は、前節に見たように、「若者首長」制度一般に言えることであり、この意味で、人口

147

規模で遊佐町を大きく上回るルイシャム区の「ヤングメイヤー」は、「間接民主制的」な制度の性格がより効果的に表れやすい環境にあると考えられる。

以上より、YLC を「直接民主制型」、「ヤングメイヤー」「少年町長」を「間接民主制型」と呼ぶならば、「若者への予算決定権付与」制度のうち、「間接民主制型」に当たるものが、前節で見た「若者首長」制度である、という概念間の関係性が理解できるであろう。「直接民主制型」と「間接民主制型」のどちらを志向するかは、若者参加に関する理念と方向性によるものであり、人口規模といった可視的要因は、出来上がった制度の効果を左右する付随的な要因に過ぎないものと考えられる。

図4-3は「若者への予算決定権付与」制度の類型を示したものである。自治体規模は図に入れ込んではいるが、これを示す縦軸は破線となっており、これが類型に付随的な影響しか与えないことを表している。図の右下は空欄になっているが、当然、ここに位置する制度も考え得るはずであり、今後、小規模自治体における直接民主制型の制度導入が注目される。

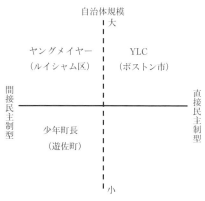

図4-3 「若者への予算決定権付与」制度の類型

第四節　小　括

本章では、「学校外における主権者教育」に焦点を当て、それに求められる要素を明らかにした上で、具体的事例に関する考察を行った。

「若者首長」制度では、ロンドン市・ルイシャム区の「ヤングメイヤー」と山形県遊佐町の「少年町長」を比較することで、それらの間の相違やそれをもたらす要因について検討した。そこからは、制度によって重点の置かれる要素が異なること、それらは人口規模や意思決定に関する基本的な考え方等の要因が影響していること、それらをまとめると両制度の特徴の相違が一層明らかになること、等が示された。

また、「若者への予算決定権付与」制度に関しては、ボストン市の「YLC」

とルイシャム区「ヤングメイヤー」、及び、遊佐町の「少年町長」の比較を行い、それぞれの特徴を踏まえながら、その背景にある要素や制度全体から見た位置づけ等について論じた。そこからは、「若者への予算決定権付与」制度には、「直接民主制型」と「間接民主制型」という類型が存在すること、それらは若者の政治参加に関する考え方の違いが関係していること、自治体規模の相違は類型に付随的な影響しか与えないこと、等が明らかになった。

　前節に見たように、「若者への予算決定権付与」制度は「直接民主制型」と「間接民主制型（＝「若者首長」制度）」に分かれ、後者は更にワントップ型－合議型、総合型－特化型という尺度によって区分されると考えることができる。こういった概念上の構造は、一口に「学校外における主権者教育」といっても、その目的や制度設計によって様々な形があることをよく表しており、子ども・若者や学校・教員が有する主権者教育についての多様なニーズに、学校外の社会が対応しようと努めた一つの結果であると捉えることができる。

　「若者首長」制度にせよ、「若者への予算決定権付与」制度にせよ、若者への政治教育や政治行政への若者の参画という意味で極めて意義が大きいと考えられるが、一方で、まだ歴史が浅く、学問的な分析の蓄積も十分為されているとは言い難い。特に、これらは若者の政治的理解度の向上や政治参加の促進を一義的な目的としているが、既に記した通り、その政治教育上の具体的効果を客観的に測定し、把握する作業は未だ必ずしも十分に行われてはいない。当然、教育においてその効果を科学的につかむには多大な困難を要する。しかし一方で、今後これらの制度が更に多くの自治体に採用され、その制度的発展をみるには、やはり、それが持つベネフィットがより理解しやすい形で提示されることが必要であり、そのためには、対象となる若者の意識や具体的行動、当該地域における社会文化的影響等、様々な角度からの更なる検証が求められると言えよう。

第五章　遊佐町「少年町長・少年議会」に関する　当事者インタビュー

第一節　「少年町長・少年議会」の当事者の声

　本章では、前章で扱った山形県遊佐町の「少年町長・少年議会」制度について、町の当事者たちへのインタビューを掲載する。既述の通り、この制度は、子ども・若者に学校では経験することのできない社会的責任を学ばせるという意味で、学校外における主権者教育の代表的事例である。それ故に、町としてどのような思いでこの制度をつくり、どのように運営が為されているのか、主役としての子どもたちがどのように活動し、どのような成果をあげているのか、等について、当事者たちの生の声を聞くことは、制度自体を理解し、実態に沿った学校外における主権者教育の在り方を考える上で極めて重要である。

　以下では、第二節において制度の発案者である現町長と教育長のインタビューを、続く第三節において、元少年議員で現在は町役場職員である方のインタビューを、そして第四節において、現在の町役場の「少年町長・少年議会」の担当者のインタビューを掲載し、それぞれの思いや制度運営の実態について明らかにする。

第二節　町長・教育長インタビュー

○インタビュー対象者
・時田博機氏（遊佐町長）
・那須栄一氏（遊佐町教育長）

○聞き手
・蒔田純（弘前大学教育学部　専任講師）

蒔田：「少年町長・少年議会」制度が立ち上がったきっかけは？

時田町長：私の二代前の町長の時、「未来創造委員会」という会議を設置し、そこに若い人に来てもらって、意見を言ってもらいました。でも、言いっぱなしで終わり、会議自体も自然消滅してしまいました。その後、次の町長の時に、また若い人を集めて意見を聞こうということになったのですが、その時、私（時田町長）は町議会議員をしており、「未来創造委員会」の二の舞は避けたいと思いましたので、「意見を言わせっぱなしでは駄目、実行するところまでやらせるべき、若者が提案したことを実行できる予算をつけたらどうか」と提案しました。やはり、政策を提案するだけではなく、実現するための予算が必要です。それが採用されて、「少年町長・少年議会」の制度ができました。

時田博機 町長

蒔田：反対意見はなかったのか？

時田町長：特にありませんでした。「まずは、やってみなはれ」という感じ。議会からは「俺たちよりも少年町長・少年議員の意見を重視するんじゃないのか」という冗談めいた声はありましたが（笑）。

那須教育長：本当の議会も、子どもたちに負けないようなしっかりした提案をください、ということですね（笑）。

時田町長：今でも笑い話で、「町は議会の言うことより少年議会の言うことを聞くんじゃないか」とよく言われます。良い提案ならしっかり応援し、しっかり実現する、というのが基本です。そうじゃないと、おそらくこの制度自体がこんなに続かなったと思います。最初のうちは成果というよりも、それによって子どもたちが生き生きしてくればいいのでは、という感じでした。

蒔田：少年町長・少年議員が実現した政策で、特に印象に残っているものは？

時田町長：二期目の子たちがつくった「米〜ちゃん」は大きかったです。町のイメージキャラクターで、今では町の顔になっています。（筆者註：実際、遊佐駅をはじめ、町中の看板や役場のパンフレット、名刺等、至る所で「米

〜ちゃん」を見かけた。）

那須教育長：「米〜ちゃん」を主人公にした絵本もつくりました。お米がモチーフなので、米づくりの大変さや喜びを物語にして、原稿もみんな子どもたちが書いて。でも、絵本はさすがに45万円（「少年町長・少年議会」に割り当てられた予算）ではつくれませんから、補正予算を組んで対応しました。

蒔田：子どもたちの提案を実現させるために補正を組むことも多い？

イメージキャラクター：「米〜ちゃん」

那須教育長：そういうケースはこれまでに何件もあります。

時田町長：通学路に明かりがなく暗いので、街灯をつけてほしいという要望を受けた時も、町としてその通学路をきちんと調査し、予算を組んで街灯をつけました。また、電車で学校に通っている子も多いんですが、電車の時間と学校の時間がどうも合わないので、JRに少しダイヤを遅らせてほしいという要望をしたこともあります。これは今、返答待ちです。

那須教育長：今年も子供たちから、「勉強している時にお互いに教え合いたいけど、図書館で声を出すと迷惑になる。話しながら勉強ができる場所がほしい。」という要望を受け、使えそうな会議室をそのために確保・改修しているところです。

時田町長：「少年町長・少年議会」に当選すると、まず「有権者」にアンケートをとり、それを基に少年町長と少年議員が議論をして政策を決めていきます。なので、決して一人や少数の意見ではなく、若者みんなの意見であり、だから力強いんです。

蒔田：あえて課題を挙げるとすると？

時田町長：やはり、子どもの数が減っています。また子どもは、勉強に部活に、みんな忙しい。強い部活に入っている子も多いです。

蒔田：複数の立候補者が出て選挙が行われる回数を増やしていきたい？

時田町長：子どもの数が減っているので、それは難しいと思います。それよりも、これを経験した子どもたちが少しでも成長してくれれば嬉しいです。

蒔田：どういう子が立候補するのか？

時田町長：色んな子がいます。県の弁論大会で優勝するような子もいれば、「こ

の子、大丈夫かな」と思うような子もいます。でも、そういう子でも、少年議会に参加したことによって明らかに成長します。不登校だった子が少年議会に入り、ガラッと変わった例もあります。そういうのを見た時は、本当に心強く思います。

遊佐町役場。看板には「米～ちゃん」の姿。

那須教育長：役場の担当職員もしっかり指導します。新聞社のカメラマンが来ているので「もう少し顔を上げて原稿を読んで」とか。

時田町長：みんなに助けられて成長した、と感じてもらえれば有難いです。役場の職員のサポートも本当に大切です。役場の中で担当は替わりますが、次の人にうまく引き継いでやってくれています。

那須教育長：各学校に説明に行く時なんかは、総務課や教育委員会、選管等がそれぞれ手分けしてやっています。

蒔田：「少年町長・少年議会」に参加した子は、社会に出た後どういうことをしているか？

時田町長：統計をとって調べている訳ではありませんが、あの子は何をしている、というのは大体分かります。やはり聞こえてきます。町に残っている子もいれば、一度出て戻ってきた子もいれば、都会で働いている子もいます。

蒔田：町長としては、やはり町に残ってほしい？

時田町長：いや、どこで活躍してもよいと思っています。若い時の経験は必ずその後に活きてきます。そのために、今、子どもたちにはできるだけ色んな経験をさせたいと思っています。遊佐町の姉妹都市のハンガリーのソルノク市に毎年子どもたちを派遣する事業をやっているんですが、行って戻ってきた後、明らかに子どもたちは変わっています。「自分で意思表示をしないと」とか「英語を頑張らないと」とか、目的意識を持つようになります。そういう、子どもたちが色んな経験をする場を与えたいと思ってやっているのであり、将来どこに居るか、どこに住むかは関係ないことです。

第二節　町長・教育長インタビュー

那須教育長：国政選挙の時、期日前投票で、中高生に、障碍者や高齢者の方の
　　サポートを手伝ってもらったり、ということもやっています。

時田町長：遊佐町では、幼稚園は公立・私立を問わず無料ですし、高校生まで
　　は医療費も無料です。子どもたちが健康で生き生きと成長できる、そういう
　　環境をつくってあげたい、というのが基本ですね。

那須教育長：遊佐町では、三十歳になった時に行う「三十路成人式」をやって
　　いますが、これも若者たちの提案からできたものです。「遊佐町町民同窓会」。
　　どこにいても出身地を応援しましょう、ということです。「三十路成人式」
　　では、「私は今、こういう場所でこういうことをしています」とか話したり、
　　町長に「町をこうしたい」と質問をぶつけてくる子もいます。

時田町長：三十歳だと、もう完全に大人だし、結婚して子供がいる子も多い。
　　二十歳とは全く違います。そんな時にもう一回ふるさとで再会するからこそ
　　分かるものがある訳です。

蒔田：「少年町長・少年議会」を経験した子どもが、将来こういう人間になっ
　　てほしい、というイメージは？

時田町長：違いを認め合ってくれる人間になってほしいです。寛容性・柔軟性
　　がないと民主主義は成り立ちません。同じ学年だとかなり画一的になってし
　　まいますが、「少年町長・少年議会」に参加する子は学年も中１から高３ま
　　でいて、みんな違います。この経験を基に、お互いに許し合い、認め合える
　　人間に育ってくれたら、最終的に町も得をするのでは、と思っています。

蒔田：他の自治体からの視察も多い？

時田町長：そうですね、自治体や国会議員さん、色んな方に見に来ていただい
　　ています。私としては、他の自治体にもどんどんやっていただきたい。やり
　　方はそれぞれの地域で違うでしょうが、どこでやっても、次の世代をつくる
　　という思いは同じです。

那須教育長：町内の別の団体も、少年町長・少年議員の意見が聞きたい、と言っ
　　て意見を求めてくることも多いです。若い人の声を聞きたいと。あと、この
　　制度は公民の教科書２社でも取り上げていただきました。

第五章　遊佐町「少年町長・少年議会」に関する当事者インタビュー

第三節　元少年議員インタビュー

○インタビュー対象者
・小田原茜氏（遊佐町企画課観光物産係主事・元少年議会議員〈第2期〉）

○聞き手
・蒔田純（弘前大学教育学部　専任講師）

蒔田：少年議会に立候補したきっかけは？

小田原主事：私は中学の生徒会に入っていて、先生から「こういうのあるけど、やってみないか」と言われて、やってみようと思いました。部活も美術部で融通が利いたし、生徒会に入っていればそんなに変わらないかな、という感じで。私は2期目だったんですが、1期目の人は周りにいなかったし、正直、「少年町長・少年議会」というものがあることも知りませんでした。最初は、生徒会の延長みたいなものかな、と思っていました。

蒔田：実際にやってみて、どうでしたか？

小田原主事：こんなに本気でやるんだ、と（笑）。半年間、本当に頻繁にみんなで集まって、色んなことを話し合いました。私が参加した期で特に大きな成果は、やはりイメージキャラクター「米〜ちゃん」をつくったことだと思います。当時は「ゆるキャラ」という言葉もなかったですが、「どうやらイメージキャラクターというものがあるらしいので、遊佐町のことを知ってもらうために、それをつくればどうか」と誰かが提案して、キャラクターを公募することになりました。小学校、中学校、高校に案内を出したら、528通の応募が来ました。それをみんなで選考するのですが、（「米〜ちゃん」の）クオリティが段違いだったので、1回ですんなり決まりました。

蒔田：自分たちの提案が実現するというのは、どういう感覚？

小田原主事：最初は、「私たちが決めて、それが本当に実現するのか」と思っていました。でも、「米〜ちゃん」は実現し、しかも今では町の色んなところで見かけるくらい定着しています。これは本当にすごいことだと思います。

当時は「少年町長・少年議会」が珍しいものだという感覚はあまりありませんでしたが、今から振り返ると、すごいことをさせてもらっていた、と思います。

蒔田：予算が割り当てられていることが「少年町長・少年議会」のすごい所ですが、提案をする際はお金のことを考えた？

小田原主事：あまり考えてなかったと思います。やりたいことを決めて、後から町の職員さんに「これやりたいんですけど、足りますか？」みたいな。話し合っている最中にお金のことはあまり出てこなかったと思います。私より後の期がつくった「米〜ちゃん」の形の町のパンフレットがあるのですが、これも、こんな形に切り抜くには結構お金がかかります。でも子どもたちはそんなことは考えません。「米〜ちゃんの形のパンフレットがあったら面白い」。ただ、それだけです。

「米〜ちゃん」型のパンフレット

蒔田：他にはどんな施策を？

小田原主事：他には、フリーマーケットや音楽イベントを開催したり、空店舗を使ってカフェを開いたりしました。秋にやったので「カフェ・ラ・おーたむ」という名前にして。基本的に、若い人に遊佐町でもっと遊んでもらおう、という考えがあったように思います。出てきたアイデアはもっと多いですが、その中からできることを精査していって、最終的にいくつかに決める、という感じでした。

蒔田：話し合いの雰囲気は？

小田原主事：基本的にみんな活発に意見を言います。町の担当の職員さんが同席していますが、優しく見守ってくれてました。少年町長が進行役をやり、みんなで議論をします。学校の放課後に友達と話す雰囲気よりは厳しく、部活よりは厳しくない、という感じ。私は中2で最年少でしたが、上は高校3年まで居たので、本当に色んな意見が出ました。

蒔田：少年町長や少年議員になる子は、どんな子？

小田原主事：明るくて活発な子が多いです。私は地味で目立たない子でしたが……。学校の友達同士の会話で「少年町長・少年議会」が話題になることはありませんでしたし、私の期が終わった後は、同学年の中で誰がやっている

かも知りませんでした。

蒔田：政治とか行政に関心のある子が多いわけではない？

小田原主事：それよりは、「遊佐町が好きかどうか」だと思います。「遊佐町をこうしたい」という思いを持った人が多かったです。ただ、やはり活動をしていく中で、役場の職員さんと関わる機会も多いですし、自分たちの提案が本当に実現できるのかどうか真剣に考えるようになるので、政治行政のことが割と身近になるということはあると思います。選挙の時なんかは、候補者が何を言っているのか、本当に実現できるのか、などをちゃんと聞くようになると思います。

蒔田：活動をする中で、批判的なことを言われた経験は？

小田原主事：なかったと思います。「少年町長・少年議会」は町の広報等で紹介されることも多いので、町の人はみんな知っています。おじいちゃん、おばあちゃんなどは、若い人が頑張っている、と言って本当に喜んでくれます。私がその人を知らなくても、向こうが知っててくれたりします。町の人はみんな、子どもに色んな経験をさせるのは有用と考えていると思います。

蒔田：「少年町長・少年議会」の課題は？

小田原主事：スタートが遅く、期間が短いので、結構せっつかれます。いつ頃までに決めないと、と。子どもたちがもう少し落ち着いてできるようにすることも大切かなと思います。

蒔田：当時のメンバーとつながりは？

小田原主事：正直、今は殆どつながりはないですが、当時の少年町長だった方が今、町内にあるまちづくりセンターに勤めているので、時々会って当時のことを話したりはします。やはり、町の外に居る人も多いです。

蒔田：少年議会の経験が今の仕事に活きている？

小田原主事：活きていると思います。私はもともと人前で話すのは得意な方でしたが、少年議会の活動でそれが更に鍛えられたと思います。色んなイベントに引っ張り出されるので、例えば、「鳥海山神鹿角切祭」というものがあります。これは、鹿が冬を越す時に喧嘩して怪我をしないようにと角を切るお祭りなのです

鳥海山神鹿角切祭（遊佐町ＨＰより）

第三節　元少年議員インタビュー

が、抽選会をやったり、一つのイベントになっています。この抽選会の司会を少年町長や少年議員が担当し、景品紹介や盛り上げまで、全部彼ら／彼女らがやります。私は今でも町の職員として町民の方に色んな説明をすることが多いですが、いかに相手の立場に立って話すかなど、当時の経験が役立っています。

蒔田：今のお仕事で、少年町長・少年議員と関わることは？

小田原主事：あります。私は企画課観光物産係という部署に居るので、まさに先ほどの角切祭など、イベント系の仕事が多く、現役の少年町長・少年議員と関わることも結構あります。「（実際の議会を模して行われる）少年議会」の前なんかは、少年議員からの質問に備えて答弁を作成する係長の手伝いをすることも多いです。

蒔田：少年町長・少年議員が将来こういう大人になってほしい、というイメージは？

小田原主事：必ずしも遊佐町に居てほしいとは思いませんが、どこに居ても遊佐町を感じていてほしい、とは思います。東京でイベントをやることも多いのですが、そういう時に少し顔を出してくれるとか。できる範囲で、違う所に居ても、少しずつ遊佐町を広める活動をするとか。

蒔田：町に残ってほしいとは思わない？

小田原主事：町の人口のことを考えると、残ってくれると有難いのですが、それを押し付けることはもちろんできません。私も大学に行くために一度町を出ていますが、遊佐町も良いところがたくさんあ

町役場近くに臨む鳥海山

るし、少年議会もやっていたので行政に関わるのもアリかな、と思って、今はこういう仕事をしています。遊佐町は人口全体としては減っていますが、最近は移住してくる人が増えています。18歳までの医療費無料化や移住希望者への相談体制の整備などが関係しているのかな、と思います。町の中に居ても、外に居ても、どこに居ても、遊佐町のことを感じてくれていたら、それでよいのかな、と思います。

第五章　遊佐町「少年町長・少年議会」に関する当事者インタビュー

第四節　役場担当者インタビュー

〇インタビュー対象者
・佐藤大智氏（遊佐町教育委員会教育課社会教育係主事・「少年町長・少年議会」担当）

〇聞き手
・蒔田純（弘前大学教育学部　専任講師）

蒔田：「少年町長・少年議会」の基本的なスケジュールは？
佐藤主事：4月に各学校に案内を出し、立候補者を募ります。5月の下旬に立候補者を確定させ、候補者が複数名出て選挙が行われる場合は、6月上旬に行います。その際、併せて「有権者」に「町への要望」についてのアンケートをします。6月中旬に第一回の「少年議会」を開催し、そこで所信表明を行います。夏休み期間中に政策を立案し、8月中旬頃に第二回「少年議会」を開いて、少年町長・少年議員が町長や役場幹部に質問をします。そして12月に第三回「少年議会」を開催し、活動報告を行って、終了です。メンバーが全員で集まる「全員協議会」は1か月に2〜4回程度開き、そこで政策提案など色々な話し合いが行われます。日程調整は基本的に私（佐藤主事）を含む事務局の人間が行い、学校の行事予定や部活などを考慮して、なるべく子どもたちに負担がかからないように決め

「少年議会」の様子（遊佐町HPより）

「全員協議会」の様子（遊佐町HPより）

ています。なので「全員協議会」は基本的に土日に開きます。12月の第三回「少年議会」での報告をゴールにして、そこから逆算して、いつ頃までにはここまで終わらなくては、という感じで日程を決めていきます。

蒔田：意思決定の方法は？

佐藤主事：「全員協議会」で意見を出し合い、その場でみんなで決めます。基本的に少年町長・少年議員だけで決定し、それに町の職員や他の大人が関わることはありません。「少年議会」はあくまで所信表明や役場への質問、活動報告の場であって、少年町長・少年議員としての政策決定は、「全員協議会」で子どもたちだけで決めます。

蒔田：学校との連携は？

佐藤主事：各学校には大変なご協力をいただいています。４月に候補者を募る際は案内を生徒に配るだけでなく、目ぼしい生徒に「やってみないか」と声をかけていただいています。やはり人集めが結構苦労するので、これは非常に助かっています。各学校には担当の先生を決めてもらっているのですが、大体は生徒会を受け持っている先生が担当になるので、小田原主事が中学時代に声をかけられたのも、そういうことではないでしょうか。選挙になれば、各学校では昼休みなど空き時間に対象生徒を集めてもらい、投票してもらっています。この時、基本的には対象生徒全員に集まってもらうのですが、中には学校を休んでいたり、他の用事があったりして投票できない子もいるので、結果的に投票率は100％になっていません。あとは、学校だよりに「少年町長・少年議会」のことを取り上げていただいたりもします。

蒔田：「少年町長・少年議会」を終えた後の子どもたちのフォローは？

佐藤主事：以前に研究者からの依頼で追跡調査をしたことがあったのですが、アンケートの回答率が３割くらいで、参考程度にしかなりませんでした。実家にアンケートが届くので、町を離れている場合は答えられないのでしょう。この点は、一つ課題だと思います。

蒔田：役場の中での役割分担は？

佐藤主事：教育委員会、選挙管理委員会、企画課、議会事務局で「少年議会プロジェクトチーム」が組織されています。とは言え、当然皆、他の仕事もやっている中でのことなので、今は私がメインの担当者になっています。

第五節：小　括

　本章では、山形県遊佐町「少年町長・少年議会」に関するインタビューを通して、制度の当事者たちの生の声を紹介した。彼ら／彼女らの話を聞き、筆者として特に印象的であったのは、制度の成果と町が得る利益とを必ずしも直接的に結びつけて考えていない点である。少子化と人口減少が全国どこでも重大課題になっている今日、普通、自治体にとっては、一人でも多くの若者に町に残ってほしいはずである。遊佐町も近年は人口減少が続いており、「少年町長・少年議会」に参加するような積極性ある子ども・若者は町にとっての財産と言えよう。しかし、町長も役場職員も、制度を通して成長した子どもが将来、活躍すること自体が重要なのであり、その場は町に限られることはない、と言い切る。これは、ある意味で勇気ある割り切りであると言えよう。

　子どもたちが社会における権利と責任を理解し、主体的に社会的活動に関与していく姿勢を養うことが主権者教育の主たる目的と考えた時、「社会のどこに行っても」というような、涵養を目指す資質・能力の不偏性が前提になっているものと想定される。であるならば、上記のような遊佐町の方針は、まさにこれに合致するものであり、「少年町長・少年議会」は、そのような主権者教育が目指す基底的な考え方に支えられた制度であると言えよう。人口という目に見える成果を追求するのではなく、社会全体のことを念頭に置いた町の姿勢があればこそ、「少年町長・少年議会」は制度として生まれたのであり、またそれによって育成された人的資源を社会全体に還元しているからこそ、視察が殺到するような主権者教育の代表例として広く知られているのであろう。

　学校では教えることのできない社会的責任を生徒自らが経験を通して理解できることが「学校外における主権者教育」の意義であるならば、「少年町長・少年議会」は紛れもなくそれを体現するものと言える。運営において学校が全面的に協力していることは、学校では提供できない部分をこの制度によってカバーしてもらっていることへの、ある意味で裏返しであり、また制度によって成長した生徒がその後学校でも活躍するというフィードバックとも併せて、学校とこの制度、あるいはそれを運営する町役場との双方向の深い連携関係が、制度自体の運営にも、そして学校を含めた町全体としての人材育成にも、大きな貢献をしていると見て取れる。

第五節：小　括

　今後は、役場職員が課題の一つとして挙げた追跡調査を含めて、この制度が
もたらす効果に関するより詳細な検討が期待される。これは、制度を運営する
町のみならず、筆者を含めた研究者の役割でもあるものと考えられ、それら制
度に関わる者すべての努力によって不断の洗練化を行っていくことが、「学校
外における主権者教育」の先駆的事例としての「少年町長・少年議会」に宿命
的に求められるのであろう。

終　章　政治をいかに教えるか

第一節　これまでのまとめ

　本書では、若者に政治との関わりについて教える主権者教育に焦点を当て、従来のそれに関する議論を踏まえながら、その周辺にある要素にまで視野を広げた上で、それらと主権者教育との関係性やそこに見られる特徴・課題等について検討してきた。その際は、教育の内容面においては学校の正規教科として教えられる公民教育や主権者教育を包含するものとしてのシティズンシップ教育に、教育主体の面においては学校外で主権者教育を行う機関に、それぞれ注目し、そこにおいて中心に置かれるべき、学校内で行う主権者教育の効果をいかに上げていくか、ひいては、政治に対する能動的・主体的な態度の涵養という観点から見た関連教育全体の有用性をいかに高めていくか、という点を念頭に置きながら、それらの在り方について考察を重ねた。

　第一章、第二章では、既存の公民教育に着目し、主権者教育の観点からその内容を検討した。まず第一章では「民主主義」に焦点を当て、中学校社会科公民的分野、及び、高校公民科「政治・経済」の教科書において、それに関わる事柄がどのように記述されているか確認した上で、その中身について考察を加えた。そこからは、民主主義を構成する「多数者による支配」、「多元主義・自由主義」、「政治参加」、「熟議」の各要素について各教科書間での共通点と相違点が示され、それを踏まえて、主権者教育の観点から改善し得る点が明らかにされた。

　第二章では「議院内閣制」と「権力分立」に注目し、それらをめぐる政治学的見解と学校教科書の記述との関係性について考察を行った。そこからは、政治学的な考え方と学校教科書の記述との間には乖離が存在すること、それは政治学専門家が教科書制作に参画していないことを意味するものではないこと、学校教科書の記述は憲法学の見解に沿ったものとなっていること、等が明らかとなり、またそこには、政治学と憲法学の関係性に関する歴史的経緯が関係し

終　章　政治をいかに教えるか

ていることが推察された。

　続く第三章では、学校教育内で行われるシティズンシップ教育とそこにおける主権者教育の位置づけに着目し、後者の目的を政治的リテラシーの向上と政治参加の促進と捉えた上で、八幡市・品川区の具体例についてその効果や課題を分析した。そこからは、政治的リテラシーの向上と政治参加の促進を目的とする教育にも様々な形があり、自治体における大方針や教育枠組みによって内容や手法に相違が生じること、「意識」と「行動」という観点から見た時、主権者教育の効果は前者においてより顕在化しやすいこと、等が明らかになった。

　第四章、第五章では、学校外の機関によって行われる主権者教育に注目し、具体的事例を取り上げた上で、その詳細について検討を加えた。まず、第四章においては「若者首長」制度、及び、「若者への予算決定権付与」制度に焦点を当て、比較の観点から実例を考察した。前者については、ルイシャム区の「ヤングメイヤー」と遊佐町の「少年町長」の比較から、制度によって重点の置かれる要素が異なること、それらは人口規模や意思決定に関する基本的な考え方等の要因が影響していること、それらをまとめると両制度の特徴の相違が一層明確になること、等が明らかにされた。また後者については、ボストン市の「YLC」と「若者首長」制度の二事例を比較し、そこからは、「若者への予算決定権付与」制度には「直接民主制型」と「間接民主制型」という類型が存在すること、それらは若者の政治参加に関する考え方の違いが関係していること、自治体規模の相違は類型に付随的な影響しか与えないこと、等が示された。

　これを踏まえて第五章では、「若者首長」制度の国内における代表的事例として遊佐町の「少年町長・少年議会」に焦点を当て、当事者たちへのインタビューを通して、制度の運営実態や町の中での位置づけ等について確認した。そこからは、実際に制度運営に携わる方々の考え方を通して、「学校外における主権者教育」の観点から見た学校と町との連携関係や制度を経験した若者の将来像等について知ることができた。

第二節　これまでの議論から得られる含意と全体における各要素の位置づけ

2.1　これまでの議論から得られる含意

　ここでは、以上に示した各章における議論を踏まえ、そこから得られる含意

第二節　これまでの議論から得られる含意と全体における各要素の位置づけ

をいくつか挙げたい。まずは、既存の公民教育と主権者教育との関係性についてである。第一章、第二章の考察からは、両者をそれぞれの役割分担を踏まえながら有機的に結びつけることによって、生徒の政治に対する能動的・主体的な態度の涵養を促進させ得る可能性を感じることができる。既存の公民教育における一義的な役割とは、生徒たちに基本的な知識を身に付けさせ、政治的な事柄に関する概略を理解させることである。そこには、政治に対する主権者としての積極的で責任ある関与、という主権者教育が担うべき領域に至る前段階として、そのための基礎を形成する、という意味があるはずであり、公民教育を受験科目の一つとしてのみならず、このような主権者教育の前提となる知識・考え方を定着させるための機能的科目として捉え直すことも必要であろう。

　その際に着目すべき視点は、知識と現実の連結・融合ではなかろうか。政治に対する能動的・主体的な姿勢を育むには、何より目の前の政治的な出来事にどのような背景があり、それに対して自分がとる行動はどのような意味を持つのか、ということを理解しなければならない。そのためには、政治的な知識を現実と結びつけ、実際に起こっている事象からその政治的意味を見出すといった、具体と抽象を行き来する思考能力が必須なのであり、それがなければ、そもそも政治的な行動をとることも、またとったとして、そこから自らの成長に資する意義あるフィードバックを得ることも、困難であろう。

　シティズンシップ教育に関しては、そこにおける中核的な要素の一つとして主権者教育が位置づけられるのであり、ここからは、自らの権利と責任に基づく社会に対する主体的関与という前者の趣旨が政治的領域において具体化されたものが後者であることが理解できる。政治とは他とは隔絶された特殊なものでは決してなく、それに関わっていく上で必要な資質・能力は社会全般において求められるものと格段の相違はないことが改めて認識できると言えよう。

　また、主権者教育がシティズンシップ教育のコアな部分を占めるのであれば、シティズンシップ教育と既存の公民教育との連携・協働を考えることも必要だと言える。八幡市・品川区の例に見られるような政治的領域のみならず、双方が政治以外の領域も含むものとして、広く社会全般における要素すべてに対して、主権者教育と公民教育の関係性に関して言及したような連携・協働が成り立ち得るものと想定される。これに関する検討を行うことは、主権者教育の周辺諸教育の在り方を考える上で重要であり、当然、それがひいては、主権者教

167

終　章　政治をいかに教えるか

育そのものの有効性にも影響してくるものと考えられる。

　「学校外における主権者教育」については、子ども・若者や学校・教員、保護者や地域住民等、様々なアクターの様々なニーズが存在し、それらに対する対応の必然として、主権者教育の形態にも相応の多様性が認められると言える。その代表例が「若者首長」制度と「若者への予算決定権付与」制度であり、それぞれの中においても目指すべき目的や詳細な制度設計等によって更に様々な形が存在する訳だが、このことは、社会自体が高度に複雑化・多様化し、結果として「学校外における主権者教育」が涵養すべき社会的責任も同様に多様性を持つに至っていることの証左であると言えよう。

　また、遊佐町に見られる具体的事例からは、「学校外における主権者教育」と言えども、参加する生徒の確保や日程・時間の調整等、あらゆる面において、学校との連携なしには成り立たないことも見て取れる。生徒の主たる学びの場はやはり学校であり、そこではカバーできない部分を学校外の機関が補完的に実施するというのが基本的な役割分担の在り方であることが改めて確認できる。これは逆に言えば、学校に、学校外の機関が主催するものにまで協力し得るような体制が整えられていることが、「学校外における主権者教育」が機能するための主たる要因の一つとなっているのであり、主権者教育において学校が持つ中心的位置を改めて確認し得る。

2.2　全体における各要素の位置づけ

　各章の議論から得られた上記の含意を踏まえて、各章において検討の対象とした各要素が主権者教育やその周辺にある関連教育とどのような関係性にあるのか見てみたい。これまでの各章における議論から改めて明らかになったのは、政治教育の中心に置かれるべきは、やはり学校における主権者教育であるということである。政治とは国民全体でつくられるべきものであり、それ故に、生徒がそれを学ぶ際も、いかにそれに対して能動的・主体的に責任ある関与が可能か、という観点が重視されざるを得ない。これが主権者教育である。また、生徒の学びにおける中心的な場は学校なのであり、このことは、既述の通り、「学校外の主権者教育」が学校の協力なしには成り立たないことを見ても明らかである。これらからは、学校における主権者教育を中心に据えた上で、それとその周辺にある要素を、全体としての効果が最大化される形で、有機的に結び付けていくことが求められるものと考えられる。

第二節　これまでの議論から得られる含意と全体における各要素の位置づけ

　ここで、序章において関連概念の関係性を確認するために使った図０－１を再び掲示し、そこに各章で検討対象とした要素を新たに加えたのが、図６－１である。ここでは、中心に、学校における主権者教育が置かれ、その周辺に、各章で検討された要素がそれぞれ位置づけられている。ここからは、各要素は、学校における主権者教育とその周辺にある関連教育とを、それぞれ結びつけるものであることが読み取れる。

　第一章、第二章で扱った、「民主主義」及び「議院内閣制」「権力分立」に関する検討は、既存の公民教育と学校における主権者教育を結びつける試みである。序章に見た『私たちが拓く日本の未来』の「指導資料」が指摘するように、従来、公民教育においては知識ベースの暗記型教育が一般的であり、「民主主義」、「議院内閣制」、「権力分立」に関してもその例外ではなかった。それらを主権者教育の観点から捉え直し、学校における主権者教育の効果の向上に資する形で改善の方策を探ったのが、第一章、第二章であった。

　第三章で取り上げた八幡市「やわた市民の時間」と品川区「市民科」は、学校で行われるシティズンシップ教育の実例であった。その中で政治的リテラ

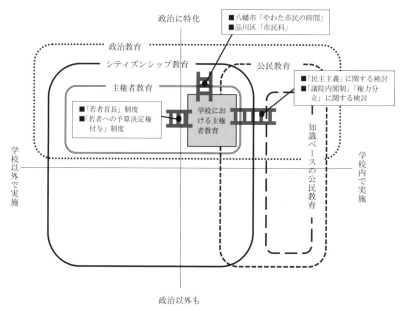

図６－１　関係概念の整理

シーと政治参加に注目しつつ、その内容や効果を探ることは、すなわち、社会全般に関わる事柄を射程に収めるシティズンシップ教育の中にあって、政治的分野における権利や責任を扱う主権者教育が、どのような位置づけを与えられ、どのようにその役割を果たしているか、を考えることであったと言える。学校におけるシティズンシップ教育と学校における主権者教育の関係性を再確認し、そこにおける後者の機能と効果を考察したのが第三章であった。

　第四章、第五章で対象とした「若者首長」制度、「若者への予算決定権付与」制度は、「学校外における主権者教育」の事例であり、学校では教えられない社会的責任について生徒にそれを担う経験を与えるものであった。一方でその運用実態からは学校の協力が制度の実施にとって不可欠であることも分かっており、両者の緊密な連携関係が制度の前提になっていることが見て取れる。ここからは、生徒たちの学びの中心的な場として学校がまずあること、及び、そこにおける主権者教育を、主に社会的責任に係る経験という観点から補完するのが「学校外における主権者教育」であること、が理解でき、また、それを前提とした「学校外における主権者教育」の特徴と課題を考えたのが第四章、第五章であったことが確認できると言える。

第三節　若者の政治的関心と主権者教育の必要性

3.1　若者の「政治離れ」の動向

　近年、若者の「政治離れ」が指摘されている。しかし、「政治離れ」について議論するには、まずはその意味するところを明確にしなければならない。「政治離れ」と言った時、そこには潜在的に、「『以前と比較して』政治から離れていっている」という意味合いが込められている。すなわち、「若者の政治離れ」は「以前の若者と比較して、近年の若者はより政治から離れていっている」ということを意味していると想定されるのである。

　図6−2は過去の衆議院総選挙における年代別の投票率の推移である[1]。ここでまず目につくのは全体を通しての20歳代の投票率の低さであり、やはり若者は他の年代に比べて、行動面において政治から距離をとる傾向が高いことが

1　総務省『衆議院議員総選挙年齢別投票率調』を基に筆者作成。10代は2017年の数字のみ（図中の＊）

第三節　若者の政治的関心と主権者教育の必要性

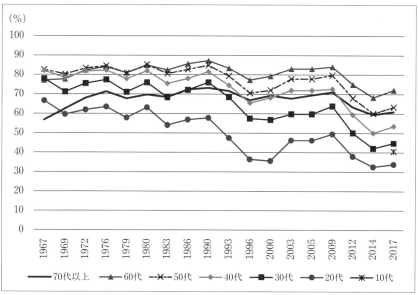

図6－2　衆院選における年代別投票率の推移

分かる。しかし、これは全ての時期を通して見て取れる若者の一般的傾向であり、以前に比べて近年の若者が特に「政治離れ」を起こしていることを示すものではない。

　このことを確認するため、全年代を合わせた平均投票率から20歳代の投票率を引いた数値の推移を示した図6－3を見てみる[2]。ここでは、1960～90年代にかけて全体の投票率と20歳代のそれは拡大傾向にあり、若者の行動面における「政治離れ」の傾向が時期を経るごとに大きくなっていることが分かる。序章においては、イデオロギーが支配した時代には「政治化」していた教育が、学生運動の衰退や冷戦構造の崩壊を経て「脱政治化」していく過程を追ったが、ここに見る数字は、それに合致するものと言えよう。

　しかし一方で、グラフにおいては2000年代に入ると全体投票率と20歳代投票率の差は縮小し始め、行動面における若者の「政治離れ」傾向は歯止めがかかってきつつあることも読み取れる。政治と教育の関係性で言えば、グローバル化と脱知識偏重教育の流れの中、社会や政治に能動的・主体的に関与してい

2　総務省『衆議院議員総選挙年齢別投票率調』を基に筆者作成。

終　章　政治をいかに教えるか

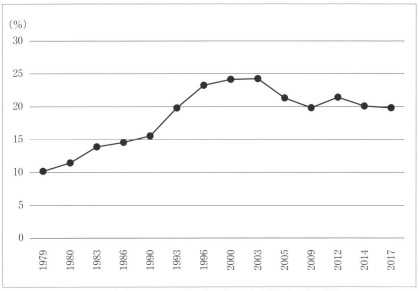

図6－3　衆院選における全体の投票率と20歳代投票率の差の推移

く資質・能力の必要性が謳われるようになった経緯を体現するものと理解できよう。

　これを見る限り、長期的に見ると、確かに若者の「政治離れ」が起きていることが確認されるが、2000年代以降に限って言えば、むしろ若者は政治との距離を縮小させていると理解することができる。

3.2　「興味」から「関心」、そして「行動」へ
　このような近年の傾向を踏まえると、政治との距離を縮め、政治に関与する度合いも高まりつつある若者をいかに後押しし、その政治参加にいかに責任を持たせるか、といった観点が特に重要となってこよう。
　政治との距離を縮小させている若者に対して、あまりにも彼ら／彼女らを馬鹿にした、まるで幼児を相手にするような政治解説は全く不必要である。2016年7月の参院選においては、選挙権年齢が18歳に引き下げられて初めての国政選挙ということで、「政治を分かりやすく解説する」ための若者向けの様々なキャンペーンが行われたが、その中にはこの類のものが数多く見受けられた。このような「若者は政治のことが全く分かっていない、全く関心がない」とい

う前提に立った施策は無意味であり、むしろ逆効果にもなりかねない。それよりは、若者の政治的関心を伸ばし、責任を伴う形でそれを具体的な行動につなげていくための環境整備を行うことが求められているのである。

　そのための方策が、主権者教育に他ならない。若者が抱く政治に対する単なる「興味」を、正しい知識に基づいた「関心」に転化させ、更には社会的な権利と責任を踏まえた「行動」につなげていくには、やはり、一つ一つの関連要素の内容と位置づけを教えた上で、自らにとってのそれらの意味を理解させるという、体系立った教育の役割が大きいと考えられる。その中心に位置するのが主権者教育であり、学校現場においては、現在におけるこのような若者と政治との関係性を踏まえた上での対応が求められると言える。

　しかし、若者に政治との関わりを理解させる際、内容として中核となるのが主権者教育であり、主体として中核となるのが学校であるとしても、目的の大きさ、重要さに鑑みると、それらだけで完結すべきものでは決してない。内容については公民教育、シティズンシップ教育等、関連する諸教育との協働が必須であろうし、主体については学校外の機関との連携も必要となってくるものと考えられる。こういった隣接する諸要素の有機的な結合の下に、時代に即した若者と政治との関係性が築かれるのであり、そのための足掛かりとなる検討を行ったのが本書であると言える。

　本書が、教育において政治を正しく位置づけ、「政治をいかに教えるか」を模索する際の不断の議論の一つの契機になれば幸いである。

引用文献

■書 籍

阿部照哉『新憲法教室』法律文化社、1997年.

芦部信喜（高橋和之補訂）『憲法 第六版』岩波書店、2015年.

Barber, Benjamin R., *Strong Democracy : Participatory Politics for a New Age,* University of California Press, 2004.

Boyte, Harry, 'Citizenship : What does it mean?', *The Minnesota Daily,* Monday, September 9, 2002.

British Youth Council, *Involving Young People in Local Government Decision Making : The Youth Voice Vehicle Self Assessment Report,* British Youth Council, 2012.

Crick, Bernard, *Essays on Citizenship,* Continuum, 2000.（関口正司監訳『シティズンシップ教育論 政治哲学と市民』法政大学出版局、2011年 .）

藤井剛『18歳選挙権に向けて 主権者教育のすすめ 先生・生徒の疑問にすべてお答えします』清水書院、2016年.

後藤雅彦「旭丘中学事件が示す政治教育としての学習の方向性―事件化に至るまでの学校現場における教師の指導を中心に―」『現代社会文化研究』No.49、2010年、pp. 65-82.

長谷部恭男『憲法（第 3 版)』新世社、2004年.

Heater, Derek., *What is Citizenship?,* Polity, 1999.（田中俊郎・関根政美訳『市民権とは何か』岩波書店、2012年 .）

樋口陽一『憲法（改訂版)』創文社、1998年.

堀江湛・岡沢憲芙『現代政治学 第二版』法学書院、2002年.

Independent Academic Research Studies (IARS), *The Young Mayors Scheme: An Independent Youth-led Evaluation,* IARS, 2011.

飯尾潤『現代日本の政治』放送大学教育振興会、2015年.

伊藤光利・田中愛治・真渕勝『政治過程論』有斐閣、2000年.

柿沼昌芳・田久保清志・永野恒雄『高校紛争―戦後教育の検証』批評社、1996年.

加茂利男・大西仁・石田徹・伊藤恭彦『現代政治学 第 4 版』有斐閣、2012年.

加藤秀治郎『新版 政治学入門』芦書房、1997年.

勝山吉章「18歳選挙権と高校生の政治活動―政治活動を理由に生徒を退学処分にした福岡県立修猷館高校事件から―」『福岡大学人文論叢』第47巻第 4 号、2016年、pp. 1127-1150.

川島耕司「報告Ⅲ：政治的リテラシーと政治」『国士舘大学政治研究』第 6 号、2015年、pp. 197-209.

木村元『学校の戦後史』岩波書店、2015年.

小林良彰・河野武司・山岡龍一『新訂 政治学入門』放送大学教育振興会、2007年.

小玉重夫『学力幻想』筑摩書房、2013年.

小玉重夫『教育政治学を拓く 18歳選挙権の時代を見すえて』勁草書房、2016年.

小玉重夫・萩原克男・村上祐介「教育はなぜ脱政治化してきたか―戦後史における1950年代の再検討―」『年報政治学2016―Ⅰ』2016年、pp. 31-52.

引用文献

今野喜清・新井郁男・児島邦宏『学校教育辞典』教育出版、2003年.

久米郁男・川出良枝・古城佳子・田中愛治・真渕勝『政治学』有斐閣、2003年.

Lijhart, Arend., *Patterns of Democracy : Government Forms and Performance in Thirty-Six Countries,* New Haven and London : Yale University Press, 1999.

Lusk, Katharine ed., *Youth Lead the Change : Participatory Budgeting Boston 2016,* Boston University Initiative on Cities, 2016.

Marshall, Thomas. H. and Tom Bottomore, *Citizenship and Social Class,* Pluto Press, 1992.

待鳥聡史『代議制民主主義－「民意」と「政治家」を問い直す』中央公論新社、2015年.

三上昭彦『教育委員会制度論 歴史的動態と〈再生〉の展望』エイデル研究所、2013年.

水山光春「日本におけるシティズンシップ教育実践の動向と課題」『京都教育大学教育実践研究紀要』第10号、2010年、pp. 23－33.

森口朗『日教組』新潮社、2010年.

森田尚人・藤田英典・黒崎勲・片桐芳雄・佐藤学編『教育学年報3 教育のなかの政治』世織書房、1994年.

向井久了『やさしい憲法（第4版）』法学書院、2012年.

村上弘「政治学教育における目的、内容、方法－多元的民主主義と政党システムの教え方を中心に－」『年報政治学2016－Ⅰ』2016年、pp. 117－140.

日本政治学会編『年報政治学2016－Ⅰ 政治と教育』木鐸社、2016年.

西川明子「子ども・若者の政策形成過程への参画」『レファレンス』No.782、2016年、pp. 91－107.

奥村牧人「英米のシティズンシップ教育とその課題－政治教育の取り組みを中心に－」国立国会図書館調査及び立法考査局『青少年をめぐる諸問題　総合調査書』、2009年、pp. 17－32.

小野山俊昭『日本国憲法概論』法律文化社、1998年.

大山礼子『日本の国会－審議する立法府へ』岩波書店、2011年.

Pateman, Carole., *Participation and Democratic Theory,* Cambridge University Press, 1970.

れんだいこ『検証 学生運動〈上巻〉－戦後史のなかの学生反乱』社会批評社、2009年.

れんだいこ『検証 学生運動〈下巻〉－学生運動の再生は可能か？』社会批評社、2011年.

酒井大輔「日本政治学史の二つの転換：政治学教科書の引用分析の試み」『年報政治学』2017－Ⅱ、2017年、pp. 295－317.

佐々木毅『政治学講義（第2版）』東京大学出版会、2012年.

佐藤幸治『憲法　第三版』青林書院、1995年.

佐藤学・秋田喜代美・志水宏吉・小玉重夫・北村友人編『教育の再定義（岩波講座 教育 変革への展望Ⅰ）』岩波書店、2016年.

島澤諭「【2016参院選を振り返る】18歳選挙権導入と世代間格差」『WEDGE REPORT』2016年7月14日〈http://wedge.ismedia.jp/articles/-/7290?page=2〉（最終閲覧日：2018年12月25日）.

新海英行「戦後教育改革に学ぶ－改革から反改革へ－」『名古屋柳城短期大学研究紀要』第37号、2015年、pp. 1－13.

引用文献

総合研究開発機構『わたしの構想 No.25 若者の政治参加を促す』総合研究開発機構、2016年.

砂原庸介・稗田健志・多湖淳『政治学の第一歩』有斐閣、2015年.

高橋和之『立憲主義と日本国憲法』有斐閣、2005年.

高橋和之『国民内閣制の理念と運用』有斐閣、1994年.

高柳直正「高校生の政治活動と規制の論理」『都立大学人文学報』71号、1969年3月、pp. 35−52.

田口富久治『政治学の基礎知識』青木書店、1990年.

田村哲樹『熟議民主主義の困難―その乗り越え方の政治理論的考察』ナカニシヤ出版、2017年.

建林正彦・曽我健悟・待鳥聡史『比較政治制度論』有斐閣、2008年.

戸田浩史「昭和29年の教育二法の制定過程～教育の政治的中立性をめぐる国会論議～」『立法と調査』No.305、2010年、pp. 43−57.

辻村みよ子『憲法（第5版）』日本評論社、2016年.

筒井美紀・長嶺宏作・末冨芳「日本教職員組合は73春闘半日ストをどう闘ったか―70年代序盤における日教組の政治的機会構造―」『法政大学キャリアデザイン学部紀要』第13号、2016年、pp. 61−101.

内田満『政治過程』三嶺書房、1986年.

浦部法穂『憲法学教室Ⅱ』日本評論社、1991年.

山川雄巳『政治学概論（第2版）』有斐閣、1994年.

山本英弘「政治的社会化研究からみた主権者教育」『山形大学紀要（教育科学）』第16巻第4号別刷、2017年2月、pp. 20−40.

■政府文書等

Center for Civic Education, *National Standards for Civics and Government,* 1994.

中央教育審議会答申『21世紀を展望した我が国の教育の在り方について』1996年7月.

中央教育審議会『今後の学校におけるキャリア教育・職業教育の在り方について』2011年1月.

Citizenship Advisory Group, *Education for citizenship and the teaching of democracy in schools: Final report of the Advisory Group on Citizenship,* 1998. 9. 22.

City of Boston, 'Youth Lead the Change'〈https://www.boston.gov/departments/youth-engagement-and-employment/youth-lead-change〉（最終閲覧日：2019年2月25日）.

Department for Education, *Citizenship programmes of study : key stages 3 and 4 National curriculum in England,* 2013.

経済産業省シティズンシップ教育と経済社会での人々の活躍についての研究会『報告書』2006年3月.

経済産業省経済産業政策局『シティズンシップ教育宣言』2006年5月.

教育再生会議『社会総がかりで教育再生を・第三次報告～学校、家庭、地域、企業、団体、メディア、行政が一体となって、全ての子供のために公教育を再生する～』2007年12月.

Lewisham Council, 'The Young Mayor'

〈http://www.lewisham.gov.uk/mayorandcouncil/youngmayor/Pages/default.aspx〉（最終閲覧日：2019年2月20日）.

Lewisham Council, 'Young Mayor of Lewisham : 10th Anniversary Commemorative Book'
〈https://www.lewisham.gov.uk/mayorandcouncil/youngmayor/Documents/YMCommemorativeBook.pdf〉（最終閲覧日：2019年2月20日）.

Lewisham Council, 'Young Mayor of Lewisham election results'
〈https://www.lewisham.gov.uk/mayorandcouncil/elections/results/Pages/Young-Mayor-for-Lewisham-Election-Result.aspx〉（最終閲覧日：2019年2月20日）.

文部省『文部省著作教科書 民主主義』径書房、1995年.

文部省編『学制百二十年史』ぎょうせい、1992年.

文部省編『学校管理法規演習』第一法規、1972年.

文部科学省『主権者教育（政治的教養の教育）実施状況調査について』2016年6月.

文部省学校教育局『新制高等学校教科課程の解説』教育問題調査所、1949年.

文部科学省主権者教育の推進に関する検討チーム『最終まとめ～主権者として求められる力を育むために～』2016年6月.

内閣府大臣官房政府広報室『政府広報オンライン』「自らの意見を一票に！「18歳選挙」が始まります。」〈https://www.gov-online.go.jp/useful/article/201602/1.html〉（最終閲覧日：2018年12月21日）.

臨時教育審議会『教育改革に関する第4次答申（最終答申）』1987年8月.

Secretary of State for Education and Skills 'Youth Matters', Cm 6629, July 2005.
〈http://webarchive.nationalarchives.gov.uk/20130401151715/https://www.education.gov.uk/publications/eOrderingDownload/Cm6629.pdf〉（最終閲覧日：2019年2月20日）.

品川区教育委員会『市民科』教科書〈改訂版〉（1・2年生、3・4年生、5・6・7年生、8・9年生）、教育出版、2011年.

品川区「新しい学習「市民科」」
〈http://www.city.shinagawa.tokyo.jp/PC/kukyoi/kukyoi-sesaku/kukyoi-sesaku-plan21/kukyoi-sesaku-plan21-zissai/kukyoi-sesaku-plan21-zissai-kyoiku/hpg000032855.html〉（最終閲覧日：2019年2月20日）.

品川区『平成28年度児童・生徒アンケートの結果』2017年8月.

総務省『18歳選挙権に関する意識調査 報告書』2016年12月.

総務省『衆議院議員総選挙年齢別投票率調』1967年～2017年.

総務省『参議院議員通常選挙年齢別投票率調』1989年～2016年.

総務省主権者教育の推進に関する有識者会議『主権者教育の推進に関する有識者会議 とりまとめ』2017年3月.

総務省常時啓発事業のあり方等研究会『最終報告書：社会に参加し、自ら考え、自ら判断する主権者を目指して～新たなステージ「主権者教育」へ～』2011年.

総務省・文部科学省『私たちが拓く日本の未来 有権者として求められる力を身に付けるために』2015年.

総務省・文部科学省『私たちが拓く日本の未来 有権者として求められる力を身に付けるために 活用のための指導資料』2015年.

八幡市教育委員会『やわた版シティズンシップ教育資料集』2010年.

八幡市立小学校・中学校『研究開発学校実施報告書（最終年次）』2011年3月.

遊佐町『広報ゆざ』（2003年〜2017年）.

遊佐町『平成29年度遊佐町少年町長・少年議員公選事業活動報告書』遊佐町、2018年.

遊佐町『少年町長・少年議員公選事業実施要項』2003年〜2018年.

遊佐町「少年議会」
〈http://www.town.yuza.yamagata.jp/ou/kyoiku/shakyo/copy_of_work_of_shounengikai_2015.html〉（最終閲覧日：2019年2月22日）.

若者自立・挑戦戦略会議『若者自立・挑戦プラン』2003年.

■学校教科書

・中学

育鵬社『新編 新しいみんなの公民』（公民934）

自由社『中学社会 新しい公民教科書』（公民927）

教育出版『中学社会 公民 ともに生きる』（公民930）

日本文教出版『中学社会 公民的分野』（公民933）

清水書院『中学公民 日本の社会と世界』（公民931）

帝国書院『社会科 中学生の公民 より良い社会をめざして』（公民932）

東京書籍『新編 新しい社会 公民』（公民929）

・高校

第一学習社『高等学校改訂版政治・経済』（政経309）

第一学習社『高等学校新政治・経済』（政経310）

清水書院『高等学校現代政治・経済新訂版』（政経314）

清水書院『高等学校新政治・経済新訂版』（政経315）

数研出版『改訂版政治・経済』（政経317）

東京書籍『政治・経済』（政経311）

山川出版社『詳説政治・経済改訂版』（政経316）

実教出版『高校政治・経済』（政経303）

実教出版『高校政治・経済 新訂版』（政経312）

実教出版『最新政治・経済新訂版』（政経313）

■その他ウェブサイト

藤井宏一郎・日々谷尚武「パブリック・アフェアーズの概念が、新たな社会をつくるカギになる」〈https://blog.pr-table.com/hibiya_interviews_04/〉（最終閲覧日：2019年1月30日）.

桑島浩彰「日本企業にはロビイング力が足りない！」
〈https://toyokeizai.net/articles/-/55352〉（最終閲覧日：2019年1月30日）.

引用文献

大田区議会議員北澤潤子ブログ「少年町長 小さい町の大きな挑戦」2016年2月9日
〈http://kitazawa.seikatsusha.me/blog/2016/02/09/5468/〉（最終閲覧日：2019年2月22日）.

索　引

あ行

アイデア集会　145-146
旭丘中学校事件　15
「荒れる学校」問題　18
安保闘争　17,22
生きる力　19, 21, 24
ウエストミンスター型議院内閣制　85
右派・左派　19
大きな政府－小さな政府　35, 41
大阪府立阪南高校事件　17
オープンガバメントについての
　　第二次アクションプラン　145

か行

改正公職選挙法→「公職選挙法の改正」の項目
　を見よ
科学としての政治学　94
学習指導要領　4, 17, 19-21, 28-29, 87-88, 121
学習指導要領解説　87-88
学校外における主権者教育　131-132, 144, 148,
　162, 166, 168, 170
ガバメント・リレーションズ（GR）　37
カリキュラムの市民化　23
間接民主制型
　　（「若者への予算決定権付与」制度）　147-
　149, 166
完全学校週休2日制　19
議院内閣制　81-86, 90-95, 98-103
棄権　32, 36-37, 39, 41, 50, 52, 54, 70, 72, 74
義務教育諸学校における教育の政治的中立の
　　確保に関する臨時措置法　15-16
義務教育標準法　16
教育委員会　15-16
教育委員会法　15
教育基本法　13-14, 22-23
教育公務員特例法の一部を改正する法律　16
教育再生会議　20

教育刷新委員会　14
教育に関する四大改革指令　14
教育二法　16, 22
教育の政治化　15, 22, 171
教育の再政治化　21-22, 25
教育の脱政治化　15-18, 22, 24, 171
教科書のスリム化　19
行政権　83-86, 91, 93
議論による政治　33, 40, 42, 56, 58, 76, 78
勤務評定反対闘争　16
クリック・レポート　20, 109
研究開発学校制度　111, 121
「現代社会」（教科書）　38-39
憲法学　90-95
権力分立　81-86, 90-95, 98-103
合議型（「若者首長」制度）　142-143
公共意識　29
公職選挙法の改正　1, 21
高等学校生徒会の連合的な組織について　17
高等学校生徒に対する指導体制確立について
　17
高等学校等における政治的教養の教育と高等学
　　校等の生徒による政治的活動等について　21
高等学校における政治的教養と
　　政治的活動について　17, 21
公民科　4, 6, 12, 27-28, 38, 82, 90
公民教育　12
合理性・知性　29
公立義務教育諸学校の学級編成及び教職員定数
　　の標準に関する法律（義務教育標準法）　16
合理的選択論　94
国民主権　31, 39, 44, 60, 62
国民内閣制　93
個性重視　19, 22, 24
小玉重夫　23, 106
駒場東邦事件　17

索 引

さ行

三権分立　85, 93
参政権　32, 39, 50, 52, 54, 70, 72, 74
執政制度・執政府　83-84
実践的授業　33, 40-42, 57, 59, 77, 79
シティズンシップ　20, 22-23, 107-108, 165-167, 169-170
シティズンシップ教育　2, 5, 7-8, 11-12, 20-21, 105-110, 121-127
シティズンシップ教育宣言　20
シティズンシップ教育と経済社会での
　人々の活躍についての研究会　20
シティズンシップ諮問委員会　109
指導資料　1, 4-5
市民科　111, 116-121, 124-125, 169
市民共和主義的シティズンシップ　107
市民社会　29-30
市民的権利　108
社会科公民的分野　4, 12, 24, 27-28, 30, 33-34, 82, 85-86, 88-89
社会的権利　108
18歳選挙権　1, 8, 172
住民運動　32
住民参加型の予算策定　145
住民投票　32
住民票問題　9
熟議　29-30, 33-34, 37-40, 42, 56-59, 76-79
主権者教育　1-13, 22-25, 27, 81, 96, 105, 121, 127-129, 131-133, 151, 162-163, 165-170, 172-173
主権者教育の推進に関する検討チーム　3
自由主義的シティズンシップ　107
常時啓発事業のあり方等研究会　2
少数意見の尊重　31, 39, 41, 46, 48, 64, 66, 68
小選挙区制　31, 34, 39-40, 45, 61, 63
少年監査　138-141
少年議会　134, 138-143, 147, 151-163
少年議会プロジェクト会議　139, 161
少年町長　134, 138-143, 146-149, 151-163, 166
少年副町長　138-141
条例制定の請求　32

自律性　29
新制度論　94
請願　32
政治学　1, 29, 81-90, 93-96
政治教育　2, 4, 7-8, 12-14, 22-24, 168-169
「政治・経済」（教科書）　6, 27-28, 38-39, 82, 86, 90
政治参加　1, 29-30, 32, 36-37, 39-41, 50-55, 70-75, 105-106, 112, 115, 117, 120-121, 126-128, 134, 144, 149, 172
政治的権利　108
政治的シティズンシップ論　23-25
政治的センス　23-25
政治的リテラシー　20, 23, 105-106, 109, 111-112, 115, 117, 120-122, 126-127, 169
精神の自由　31, 39, 46, 48, 64, 66, 68
政党システム　34-35
全員協議会　147, 160-161
全国学力調査反対闘争　17
総合型（「若者首長」制度）　142-143, 149
総合的な学習の時間　6, 19, 21, 116

た行

大統領制　83, 85
多元主義・自由主義　29-31, 34-35, 38-40, 42, 46-49, 64-69
多数決原理　31, 39-40, 44, 60, 62
多数者による支配　29-31, 34, 39-40, 42, 44-45, 60-63
脱ゆとり　21
チェンジエージェント　146-147
チェンジエージェント委員会　146
知識ベースの公民教育　12, 24, 169
地方教育行政の組織及び運営に関する法律　16
直接請求権　32, 39, 50, 52, 54, 70, 72, 74
直接民主制型（「若者への予算決定権付与」制度）　147-149, 166
ディベート　3, 10, 33, 36, 38, 41, 57, 59, 77
出前授業　5-6
投票の大切さ　32-33, 36, 39-41, 51, 53, 55, 71, 73, 75

索 引

特化型（「若者首長」制度）　142-143, 149

な行

ナショナルスタンダード：市民科と政治　109
新潟県立高校事件　17
二大政党制　31, 34, 40
日本教職員組合（日教組）　15-19, 22

は行

話し合いの大切さ　33, 38, 40, 42, 57, 59, 77, 79
パブリック・アフェアーズ　37
ヒーター (Heater,Derek)　107-108, 132
バーバー (Barber,BenjaminR.)　108
日の丸の非掲揚・君が代の不斉唱問題　19
比例代表制　31-32, 35, 47, 49, 65, 67, 69
副教材　1, 3, 5-6, 10
複数政党制　31, 35, 39, 40-41, 47, 49, 65, 67, 69
副ヤングメイヤー　136, 140-142, 147
ブレインストーミング　33, 59
プレゼンテーション　33, 36, 38, 41-42, 114, 118
米国教育使節団　14
米〜ちゃん　139, 152-154, 156-157
ペイトマン (Pateman,Carole)　108
法律学の下の政治学　93-94
保革イデオロギー　22
保守・リベラル　35

ま行

マーシャル (Marshall,ThomasH.)　107-108
水山光春　111
民主主義　11, 13-15, 28-31, 33-36, 38, 40-42, 83, 87-88, 108-109, 112-114, 121, 169
村上弘　29-30, 35
メディアリテラシー　33, 40, 42, 56, 58, 76, 78
模擬投票　3, 7, 10
モジュール学習　112, 121
『文部省著作教科書民主主義』　15

や行

野党　31, 39-41, 46, 48, 64, 66, 68
やわた市民の時間　111, 113, 120-121, 129, 169
ヤング・パーラメント　137
ヤングメイヤー　134-137, 140-149, 166
ユース・リード・ザ・チェンジ (YLC)　144-148
ゆとり教育　19-20, 24
世論　31, 39, 45, 61, 63

ら行

利益集団　31-32, 35, 39, 41, 47, 49, 65, 67, 69
リコール　32
立法権　83-86, 91-93
臨時教育審議会　19
ロビイング　37

わ行

若者アドバイザー　137, 140-142, 147
若者協議会　137, 140-142
「若者首長」制度　133-135, 144-146, 148-149, 168-169
若者の「政治離れ」　170-172
「若者への予算決定権付与」制度　144, 146, 148-149, 168-170
『私たちが拓く日本の未来』　1, 21, 169
ワントップ型（「若者首長」制度）　142-143, 149

183

著者略歴

蒔田 純 （まきた・じゅん）

1977年生まれ。2012年、政策研究大学院大学博士課程政策プロフェッショナル・プログラム修了。博士（政策研究）。衆議院議員政策担当秘書、総務大臣秘書官、経済団体スタッフ等を経て、2018年より弘前大学教育学部専任講師。

著書『立法補佐機関の制度と機能―各国比較と日本の実証分析―』（晃洋書房、2013）

政治をいかに教えるか
―知識と行動をつなぐ主権者教育―

2019年6月28日　初版第1刷発行

著　者　蒔田　純

発行所　弘前大学出版会
〒036-8560　青森県弘前市文京町1
Tel. 0172－39－3168　Fax. 0172－39－3171

印刷・製本　小野印刷所

ISBN 978-4-907192-76-1